Quicklearning

- Jede Fremdsprache in 30 Tagen lernen -

von

Frederick E. Dodson

Weitere Bücher von Frederick E. Dodson:

Astralreisen - Das ultimative Trainingshandbuch für alle die schon immer außerkörperliche Erfahrungen machen wollten, ISBN 978-3-89094-352-7

Coach dich zum Superstar - Wege zum Superstar - Psychospirituelle und praktische Wege zum Ruhm, ISBN 978-3-89094-443-2

Das ultimative Flirttraining - Ein Kurs im Flirten - Ein Trainingshandbuch (nicht nur!) für Männer, ISBN 978-3-89094-356-5

High werden ohne Drogen - Ein bewusstseinserweiterndes Handbuch, ISBN 978-3-89094-363-3

Illumination des Träumens, ISBN 978-3-89094-426-5

Money Magick - Finanzielle Freiheit durch Arbeitsrausch und Geldmagie, ISBN 978-3-89094-414-2

Reality Creation - Die kontrollierte Erschaffung von Realität, Zauberei auf einem Sklavenplaneten, ISBN 978-3-89094-394-7

Reality Creation Coaching - Synchronisiere die Welt nach deinen Wünschen, ISBN 978-3-89094-506-4

Reality Creation für Fortgeschrittene – ISBN 978-3-89094-598-9

Zeitreisen - Fernwahrnehmung und Luzides Träumen als Tor zur Unendlichkeit, ISBN 978-3-89094-413-5

Gesamtherstellung: Bohmeier Verlag, Printed in Germany

ISBN 978-3-89094-641-2

Inhaltsverzeichnis

1. Lernen macht Spaß 5
2. Multi-methodisches Lernen 7
3. Interessenorientiertes-Lernen 11
4. Lernen in der Tiefenentspannung 19
5. Kreatives & gehirngerechtes Lernen 27
6. Aufmerksamkeit & Wachsamkeit 35
7. Mentale Einstellungen 38
8. Werkzeuge, Spiele und Lernmaterialien 50
9. Die 2000 wichtigsten Vokabeln & Phrasen einer Sprache lernen ... 73
10. Frei von Hemmungen 78
11. Ein Lernprogramm selbst erstellen 85
12. Zwanzig Fremdsprachen im Test 90
13. Die wunderbare Welt der Sprachen 98
14. Quick and Dirty English Grammar 103
15. Die 100 meist gebrauchten Vokabeln der englischen Sprache 113
16. The 100 frequently used Business-English-Words 116
17. Die 100 meist gebrauchten italienischen Sätze 119
18. Spaß mit Italienisch - 25 italienische Slangs 123
19. Die 100 meist gebrauchten spanischen Sätze 124
20. Spaß mit Spanisch – 25 spanische Slangs 128
21. Japanische Wörter zum „schnuppern" 129
22. Die besten Tipps auf einen Blick 131
23. Der letzte Motivationsschub 132

1. Lernen macht Spaß

In diesem Buch erfährst du alles was es zu wissen und tun gibt, um das im Titel angepriesene Ziel tatsächlich zu erreichen.

Lernen kann Spaß machen. Sprachen lernen ist sogar wesentlich effektiver wenn es dir Spaß macht. Zweifellos wird dein Lernprogramm ein Mindestmaß an Disziplin erfordern, aber: Erst durch die Freude am Lernen wird Disziplin leicht.

Wir werden Erfolgserlebnisse schaffen, die dich möglicherweise auch in anderen Lebensbereichen beeinflussen, nicht nur in denen der Sprache. Denn wenn du in einem Bereich deines Lebens, in diesem Fall Fremdsprachen lernen, Erfolg hast, wird es dir leichter fallen, in anderen Lebensbereichen, allen voran Bereichen in denen es ums Lernen geht, Erfolg zu haben. Erreichst du in einer Fremdsprache Dinge die du nicht für möglich gehalten hast, wer weiß was du dann noch so alles innerhalb relativ kurzer Zeit kannst...?

Ich bin 35 Jahre alt und im Seminarumfeld aktiv. Bisher habe ich etwa 900 Seminare in den Bereichen Englisch-Superlearning, Business-Englisch, Präsentation, Rhetorik, Kreativität, Gedächtnis, Motivation, Meditation, Mentaltraining, und Kommunikation geleitet. Es ist dieses Praxiswissen, dass ich in dieses Buch einfließen lasse. Ich schreibe nicht aus einer theoretischen Sicht der Dinge, sondern aus jahrelanger realer Erfahrung. Folglich erwarte ich von dir, als Leser, das hier Geschriebene, aus eigenem Antrieb in Erfahrung umzusetzen. Dieses Buch zu lesen ist nur ein Abglanz der tatsächlichen Erfahrung Tag für Tag die Fremdsprache zu lernen. Dieses Buch ist so geschrieben, dass du das Geschriebene und Beschriebene unmittelbar in Aktionen umsetzen kannst. Aber die Initiative es umzusetzen ist nicht in diesem Buch enthalten. Wo ist die Initiative enthalten? In dir.

Fremdsprachen lernen ist eine bewusstseinserweiternde Tätigkeit. Du lernst nicht nur eine Sprache, sondern eine ganze Mentalität, Kultur, Sichtweise und Lernweise dazu. Ich selbst bin Amerikaner, und habe zwei Jahre Aufenthalt in Deutschland gebraucht, um die Sprache fließend zu beherrschen. Oder zumindest gut genug, um Bücher, wie dieses, schreiben zu können. Eine Fremdsprache „in 30 Tagen meistern“ – ist dies nur ein Titel um Buchkäufer zu gewinnen? Nicht wirklich. Ich habe zwei Jahre gebraucht, ohne bewusst zu lernen. Hätte ich bewusst gelernt, hätte es wahrscheinlich nur drei Monate gedauert. Ich war lediglich „in Deutschland anwesend“, die

Sprache kam von „ganz alleine“. Allerdings gibt es Menschen, die können 30 Jahre in Deutschland „anwesend sein“ und beherrschen die Sprache immer noch nicht richtig. Dies hat wiederum etwas mit der mentalen Haltung, der Imitationsgabe und der Wachsamkeit zu tun. Hätte ich jeden Tag, den ganzen Tag lang bewusst Deutsch gelernt, hätte ich 30 Tage dafür gebraucht.

Diese Zeit des bewussten – aber auch unbewussten – Lernens wirst auch du brauchen um etwa 3000 Vokabeln anwenden zu lernen, ein gutes Gefühl für die Sprache zu bekommen, und eine solide Basis, auf der du aufbauen kannst, zu entwickeln. Und wenn du richtig gut begonnen hast, wird das Lernen von Mal zu Mal einfacher und natürlicher. Je länger man sich mit einem Thema beschäftigt, desto leichter wird es.

In einem späteren Kapitel wirst du ein Programm erstellen, in welches du diese notwendigen 30 Tage in deinen eigenen Zeitplan einbaust... und ist diese Zeit über ein oder zwei Jahre verstreut, darüber entscheidest du allein!

Besonders talentierte Lernender werden für denselben Lernstoff sensationelle zwei Wochen brauchen. Besonders „schwierige Fälle“ vielleicht länger als einen Monat. Daher enthält dieses Buch einige Anregungen und Hilfen wie aus einem „schwierigen Fall“ ein „Sprachtalent“ wird.

Nun wird es sicherlich Leser geben, die eine Sprache von „Null an“ beginnen, und solche, die ihre Sprachkenntnisse erweitern wollen. Für beide Zielgruppen enthält dieses Buch wertvolle Hinweise und Werkzeuge.

Viel Freude & Erfolg!
Frederick Dodson
München 2010

2. Multi-methodisches Lernen

„Wenn du eine Sache immer nur von einem einzigen Standpunkt aus betrachtest, wirst du immer dasselbe sehen. Um die Wahrnehmung zu verändern und zu erweitern, musst du zuerst den Standpunkt oder die Betrachtungsweise verändern.“

Denke über die oben stehende Aussage etwas nach. Sie enthält eines der Schlüssel, um ein „Sprachtalent“ zu werden. Darüber hinaus enthält sie den Schlüssel zur Verbesserung der mentalen Lernfähigkeit.

Betrachtest du etwas immer wieder aus derselben Perspektive, wirst du immer wieder dasselbe bemerken, wahrnehmen und erfahren. Wenn du also etwas entdecken möchtest, was du vorher nicht bemerkt hast, etwas fühlen möchtest, was du vorher nicht gefühlt hast, etwas lernen möchtest, was du vorher nicht kanntest, wirst du eine flexiblere Art haben müssen, deine Betrachtungsweisen, Arbeitsweisen und Standpunkte zu ändern. Oder anders ausgedrückt:

> ***„Die wahre Entdeckungsreise handelt nicht davon, nach neuen Landschaften zu suchen, sondern mit neuen Augen zu sehen.“***

Geistige Standpunkte sind die Meinungen, Vorstellungen, Glaubenssätze und Einstellungen, die du zum Lernen hast. Viele Menschen betrachten das Thema „Lernen“ aus einem geistigen Standpunkt heraus, den sie noch aus der Schule haben, den sie Tag für Tag in der Schule eingeübt haben, bis daraus eine gewohnte Haltung wurde. Dies ist der Standpunkt des passiven Konsumenten von Informationen, der auf einer Schulbank sitzt und von einer Autorität aufgefordert wird, sich eine beträchtliche Menge Informationen (davon ein paar nützliche und, meiner Meinung nach, Unmengen unnützer Informationen) einzuprägen. Leider ist die allererste Erfahrung, die wir mit dem Thema „lernen“ haben, die, die dich am meisten prägt. Aus diesen ersten schulischen Erfahrungen erwuchsen jede Menge Standpunkte die besagen „so lernt man also“, „so ist es“, „schneller geht es nicht“, „das hier ist also lernen“ etc. Um diese Standpunkte, und folglich auch deine Lernerfahrung zu ändern, bedarf es entweder einiger geistiger Meinungsänderungen von dir, oder eine ganze Menge positiver Lernerfahrungen, in denen du schneller und mit mehr Freude lernst. Dies ist kein Therapiebuch. Wie du an diese Aufgabe herangehst, liegt allein in deinen Händen. Aber sie wird bei den meisten Lesern nötig sein, um außergewöhnliche Resultate zu erzielen.

Standpunkte und Meinungen, die ein Leser möglicherweise haben könnte, die diesen enormen Lernerfolg zeitlich bremsen könnten, sind z. B. folgende:

- ***„Ich bin zu alt zum lernen."***
- ***„Lernen erfordert harte Arbeit."***
- ***„Ich habe keine Lust!"***
- ***„Irgendwann mal tue ich es vielleicht."***
- ***„Jemand (Lehrer, Chef, Eltern, Freund, etc.) will, dass ich das lerne."***
- ***„Lernen ist schwierig!"***
- ***„Lernen ist langweilig!***
- ***„Ich bin eigentlich nicht der Typ Mensch, der sich konzentrieren kann."***

usw.

Fallen dir bei dir selbst solche geistigen Muster auf? Dann ist es an der Zeit, diese fallen zu lassen. In meinen vielen Jahren als Sprach-Coach sind mir keine größeren Hemmschuhe als geistige, selbstgemachte Grenzen aufgefallen. Dabei ist es ganz egal, wie viele „Beweise" oder „Erinnerungen" du für die Richtigkeit solcher Vorstellungen hast. Es sind subjektive Standpunkte, die geändert werden können.

Wie löst du dich von solchen Standpunkten? Indem sie dir bewusst werden, du sie als deine erkennst und anerkennst, du beschließt, ihnen keine Bedeutung mehr zu schenken, und sie z. B. durch eine von folgenden Aussagen, Standpunkten oder Betrachtungsweisen ersetzt:

- ***„Ich bin sehr aufnahmefähig."***
- ***„Meine Art zu lernen ist effektiv."***
- ***„Lernen ist einfach und macht Spaß."***
- ***„Lernen erweitert meinen Horizont."***
- ***„Lernen ist spielen." usw.***

Deine inneren geistigen Programme kannst nur du selbst ändern. Wie? Indem sie dir bewusst sind – nicht vage, sondern klar und deutlich, – und wenn du sie als DEINE Programme anerkennst und dir vorstellen kannst, welches Programm du stattdessen in dein Bewusstsein „installieren" möchtest.

Multi-methodisches Lernen, bedeutet, dass du eine Sache, in diesem Fall lernen, von vielen verschiedenen Standpunkten aus betrachten kannst. Das Lernen von Sprachen aus vielen verschiedenen Herangehensweisen und

Blickwinkeln anzugehen, anstatt mit nur einer einzigen „richtigen Methode“, oder immer wieder auf dieselbe Art und Weise. Dadurch wirst du mehr entdecken, schneller lernen und Spaß an der „Arbeit“ haben.

Eindimensionales Lernen würde bedeuten, dass du beispielsweise eine Vokabel oder einen Satz, welche du in der Fremdsprache lernen möchtest, lediglich dutzendemal wiederholst, gleich einer kaputten CD. Dies funktioniert zwar auch, aber es verdirbt dir letztlich die Laune am Sprachen lernen. Manche preisen z. B. das sogenannte „Karteikartensystem“ an. Karten werden wiederholt und wiederholt und wiederholt und wiederholt. Nichts gegen Karteikarten, aber wie wäre es damit, zumindest mal den Satz zu verändern, oder einen eigenen Satz aus der Vokabel zu machen? Multimethodisches Lernen würde in diesem Fall bedeuten, dass du die Vokabel oder den Satz siehst, hörst, sprichst, erlebst, im Kontext eines Liedes mitsingst, damit eine Konversation beginnst, etc. Es ist das Lernen auf verschiedenen Ebenen. Mehrere Sinne werden bedient und neugierig gemacht. Mehrere deiner Persönlichkeitsanteile kommen zum Zug und „dürfen mitmachen“! Mal benutzt du diese Methode, mal diese, je nach Stimmung. Und schließlich, wenn du eine bessere Methode gefunden hast, bedankst du dich bei der alten Methode für ihre Dienste, und widmest dich der neuen, ohne nostalgisch oder rechthaberisch an der alten festzuhalten. Multi-Methodik & Flexibilität führt zu dem was manche durchaus als „Ganzheitliches Lernen“ bezeichnen würden.

Multi-Perspektive ist nicht nur zum Sprachen lernen förderlich, sondern in allen Lebensbereichen. Viele unserer Zeitgenossen sind schwer in der Lage, eine Sache von zwei Seiten aus zu betrachten, geschweige denn von mehreren Blickwinkeln, und noch weniger gleichzeitig!

ÜBUNG: Wahrnehmung des Lernmaterials

Sehe in deiner Phantasie Lernmaterial deines Sprachkurses auf einem Tisch liegen. Betrachte das Material aus der Warte von jemandem, der davon gelangweilt ist.

Nun nimm die Haltung von jemandem ein, der neugierig und gespannt ist, und schau dir das Material noch mal an.

Betrachte nun das Material, wie jemand es betrachten würde, der das Lernen hasst.

Betrachte nun das Material, wie es ein sogenannter „Streber“ tun würde.

Betrachte schließlich neutral.

Wenn du diese kleinen Phantasiereisen gründlich durchgeführt hast, wirst du festgestellt haben, dass der Standpunkt von dem aus du etwas betrachtest, viel damit zu tun hat, wie du wahrnimmst und was du in Bezug auf das Lernen empfindest.

Eines deiner Hauptarbeiten beim Erlernen einer Fremdsprache wird es sein, einen stabilen Standpunkt zu erschaffen, indem du außerordentlich positiv, effektiv und professionell mit deinem Ziel umgehst. In einem späteren Kapitel wirst du aufgefordert werden, ein Lernprogramm für dich selbst zu erschaffen, welches möglichst viele Blickwinkel und Methoden mit einbezieht. Demnach wirst du also nicht mehr auf der Suche nach der „richtigen Lernmethode“ sein, sondern dir jede beliebige Methode zunutze machen.

Die Kraft zum Erlernen einer Fremdsprache kommt ohnehin nicht aus einer Methode, sondern aus dir selbst und was du aus der Methode machst!

Zum Abschluss dieses kurzen Buchabschnittes probiere noch die folgende kleine Übung:

ÜBUNG: Etwas Neues entdecken

Betrachte die vordere Wand des Zimmers, in dem du sitzt, und bemerke dort etwas, das du bisher nicht oder nur selten bemerkt hast.

Dasselbe mit der linken Wand des Raumes. Entdecke etwas, das deiner Wahrnehmung bisher entging.

Und nun zur rechten Wand des Raumes.

Schließlich zur linken Wand des Raumes.

Falls du eine Uhr trägst: Beschreibe deine Uhr im Detail, ohne auf deine Uhr zu schauen.

Schaue danach auf die Uhr und bemerke Dinge, die du vergessen hast zu nennen.

Schaue aus dem Fenster und entdecke Dinge, die du bisher nicht bemerkt hast.

Untersuche deine Kleidung, solange bis du etwas daran entdeckst was du so bisher nicht bemerkt oder wahrgenommen hast.

Und was soll das? Nun, du hast gerade, mit sehr wenig Aufwand, Neues gelernt! So in etwa fühlt es sich an, Neues zu lernen. Das ist der Grad der Aufmerksamkeit die erforderlich ist um Neues zu lernen.

3. Interessenorientiertes-Lernen

Die Lernhaltung kleiner Kinder:

„Ich spiele und lerne dabei."

Die Lernhaltung mancher Erwachsener:

“Ich muss arbeiten und weiß bereits Bescheid."

Erinnerst du dich, wie du die Welt als Kind betrachtet hast? Könntest du den Geisteszustand eines Kindes einnehmen, wäre das Lernen etwas natürliches, fast müheloses. Kleinkinder sind meistens sehr wachsam, begeisterungsfähig, aufmerksam und interessiert. Sie befinden sich auf unbekannterem Terrain, wissen nicht von vornherein was als nächstes passiert, und versuchen sich übrigens auch nicht dagegen abzusichern. Ihre Augen voller Erstaunen über die „banalsten" Dinge, die unsereins nicht einmal mehr beachtet. Sprachen lernen Kinder nicht „voll bewusst", jedenfalls nicht in unserem Sinne, was wir als „voll bewusst" verstehen. Kein Kind läuft umher und paukt Grammatikregeln. Nicht einmal eine sprachliche Übersetzung ist nötig, geschweige denn überhaupt möglich. Kinderaugen erkennen die Bedeutung von Wörtern aus der Handlung, der Situation oder dem Kontext (Bezugsrahmen) heraus, oder merken intuitiv was ein Wort heißen müsste. Es gibt ein typisches Merkmal, das ein Kleinkind von einem typischen überarbeiteten Erwachsenen der westlichen Gesellschaft unterscheidet:

Es ist das ***Erstaunen***, die Faszination. Vieles ist in den Augen eines Kleinkindes faszinierend, ja geradezu phänomenal. Wenn es das Meer sieht, öffnet sich sein Mund, die Augen funkeln, während die kleinen Finger in Ehrfurcht zum Ozean aufzeigen. „Mami, schaaaaaauuuuuu maaaaal!!!!!"

Und der überarbeitete Erwachsene? „Na und. Das ist halt das Meer." Er hat es schon tausendmal gesehen, und tausendmal eine Kopie davon in seinem Gehirn gespeichert. Er sieht quasi die Kopie, das Abbild in seinem Gedächtnis, auch wenn er nach oben schaut. Vielleicht täuscht er sogar noch ein Gefühl vor, wie etwa „Jaja, sehr schön heute Abend.", aber er hat das Ding schon so oft abgespeichert, dass es vielleicht kein großes Ereignis mehr für ihn ist. Wenn dem so ist, ist die Wahrnehmung bereits abgestumpft. Es bräuchte etwas mehr um seine Sinne und Gefühle in Aufruhr zu bringen. In allerschlimmsten Fällen, da wo die Abstumpfung bereits in einem fortgeschrittenem Stadium ist, bräuchte es möglicherweise einen brutalen Film, um noch irgendeine Reaktion hervorrufen zu können.

„Na und, das ist halt das Meer... und das ist mein Job... und das ist mein Haus... und das ist meine Frau... Gähn... übrigens... was läuft heute im Fernsehen?“ Je abgestumpfter die Sinne, desto mehr Reize brauchen sie, um noch Gefühle und Wahrnehmungen wie Überraschung, Faszination, intensives Interesse, kindliche Neugier und dgl. zu entfachen.

Und jetzt die guten Neuigkeiten: Beim kreativen Sprachenlernen, werden diese Fähigkeiten wieder trainiert, gelernt und erinnert. Umgekehrt hilft das Trainieren und Wahrnehmen dieser Dinge wiederum dem Erlernen einer Fremdsprache.

„Ich weiß doch schon“ ist eine typische Haltung so manch erwachsener Zeitgenossen. Sie kann für das Lernen äußerst hinderlich sein. Wer in dem Glauben „Ja, ja, ich weiß schon“ lebt, und dies sich öfters sagen hört, wird Schwierigkeiten haben, neue Dinge aufzunehmen. Auf den ersten Blick mag der Leser geneigt sein, Einwände zu dieser Aussage zu erheben. Und doch: Die Aussage „Ach, ich weiß schon“, öfters von einer Person gehört, signalisiert eine Blockade gegenüber neuen Möglichkeiten, neuen Ideen, neuem Lernstoff. Möglicherweise ist die Festplatte im Gehirn voll und nichts Neues passt darauf.

Kinder wissen nichts. Sie sind vollkommen offen. Wenn ich vollkommen offen bin, kann ich sehr viel Neues aufnehmen. So einfach ist das.

Offen zu sein, bedeutet aber auch, für neue Emotionen oder Herausforderungen offen zu sein, sich beispielsweise auch zu erlauben etwas nicht gleich und sofort lernen zu können. Das macht verletzlich. Du musst damit klarkommen und akzeptieren, dass du in der Fremdsprache anfänglich vielleicht nicht so gut dastehst, wie in anderen Lebensbereichen. Anstatt immer einen „perfekten Eindruck“ machen zu wollen, hast du die Chance vom Versteiftsein loszukommen.

Probiere mal folgendes:

Suche dir auf einer CD oder Kassette einen Satz in deiner Fremdsprache aus, welchen du glaubst bereits perfekt zu können. Entferne nun den Filter „Ich weiß schon“ und höre noch mal genauer hin.

Merkst du, dass sich der Satz anders anhört, als du ihn in deinem Gedächtnis abgespeichert hast? Es ist, wenn es dir bewusst wird, sehr erstaunlich. Beim genaueren Hinhören, hört sich der Satz eigentlich anders an, als er sich bei dir im Gehirn anhört. Mit unseren Wahrnehmungsfiltern passen wir Eindrücke von außen dem an, was bereits in unserem Bewusstsein gespeichert ist.

Wenn das von außen Kommende nicht mit dem übereinstimmt, modifizieren wir es, damit es besser in unser Bewusstsein passt. Etwas das nicht in deine Vorstellungen hineinpasst, wird nicht hereingelassen. Somit kannst du nur das erleben was du dir auch vorstellen kannst.

Wahrnehmungsfilter sind die tieferliegende Ursache dafür, das Lernende die perfekte *Aussprache*, auch nach vielen Jahren des Lernens nicht beherrschen. Die Lösung oder Auflösung eines Wahrnehmungsfilters geschieht dadurch, dass man sich des Filters bewusst wird. So wie gerade eben. Höre dir den Satz noch einmal an, dann *erstelle eine genaue Kopie des Satzes in deinem Geist*. Höre nicht was du hören willst, sondern höre genau auf das, was auf deiner CD oder Kassette gesagt wird. Dann höre es noch mal in deinem Geist. Erst dann ist es präziser abgespeichert.

Wenn du schon eine Weile deine Fremdsprache lernst, gehe ich davon aus, dass du Hunderte von Wörtern hast, die du bereits benutzt und lernst, jedoch so aussprichst wie du sie willst, und auch bei diesen nicht mehr richtig hinhörst oder nach Verbesserung suchst. Lass den „Ich weiß schon"-Filter öfter mal weg, und höre neu und frisch hin. Vielleicht entdeckst du etwas Neues!

In meinen Sprachkursen erläutere ich stets den Unterschied zwischen „weicher" und „harter" Aufmerksamkeit. Begriffe die ich durch tägliche Erfahrung mit Lernenden geprägt habe.

Weiche Aufmerksamkeit entspricht eher der Aufmerksamkeit eines Kleinkindes.

Harte Aufmerksamkeit ist entweder:

- du bist auf eine Sache ***festgefahren***
  etwas, das einem nicht aus dem Kopf geht, z. B. ein unerledigtes Projekt,
- du bist ***zerstreut***
  auf viele verschiedene Themen auf einmal konzentriert oder
- du bist ***angestrengt konzentriert***
  auf ein sehr ernstes und problematisches Thema konzentriert.

Harte Aufmerksamkeit entsteht z. B. dadurch, dass wir uns auf Etwas konzentrieren müssen, auf das wir uns nicht konzentrieren wollen. Dies wird bereits in der Schule täglich kultiviert.

Sie entsteht auch dadurch, dass wir glauben „hart schuften" zu müssen um überhaupt etwas zu erreichen. Wie oft haben wir das gehört? Soweit ich weiß, sind die Menschen, die in dieser Welt am härtesten schuften, die ärmsten und erfolglosesten. Wenn du mir nicht glaubst, gehe zur nächstgelegenen Baustelle und beobachte. Dann gehe in ein Einkaufsviertel für Reiche und beobachte.

Harte Aufmerksamkeit entsteht aber auch dadurch, wenn unsere Aufmerksamkeit auf so viele verschiedene Probleme und Themen zerstreut ist, dass es vieler Mühe bedarf, konzentriert zu bleiben.

Weiche Aufmerksamkeit hingegen haben wir z. B., wenn wir ins Kino gehen und uns einen Film ansehen, der uns sehr interessiert. Wie verhält sich hier unsere Aufmerksamkeit? Sie geht vollkommen nach außen, und betrachtet mit Interesse den Film. Wir verlieren das Gefühl für Raum, Zeit und Umgebung und tauchen in diesen Film ein.

Mit harter Aufmerksamkeit ins Kino zu gehen, sähe dann in etwa so aus: Wir versuchen verbissen, uns die Dialoge im Film zu merken. „Was hat dieser Schauspieler gerade gesagt? Verdammt noch mal, ich muss Notizen machen sonst vergesse ich es! Könnten Sie den Film bitte noch mal zurückspulen? Das ist aber anstrengend!“.

So geht natürlich niemand ins Kino. Aber viele Menschen „lernen“ so!

Dabei kannst du dich an den ganzen Film erinnern, wenn du das Kino verlässt. Und einige Szenen bleiben dir noch Jahre danach in Erinnerung und zwar ohne, dass du den Film jemals „gelernt“ hättest. Warum? Dies hat mit der Art von Aufmerksamkeit zu tun, mit der du anwesend warst.

Aus diesem Wissen heraus entwickelte ich den folgenden Begriff, den ich in meinen Seminaren benutze: ***Interessenorientiertes-Lernen***.

Wenn dich etwas ***wirklich interessiert***, lernst du schneller, müheloser und effektiver. Hierbei kann es sich um ganz bestimmte Filme handeln, die dich persönlich begeistern, bestimmte Bücher, die dich persönlich unterhalten, bestimmtes Fachvokabular, das dich beruflich interessiert, bestimmte Musik, von der du ein Fan bist, dazu bestimmte Songtexte, bestimmte Themen bei denen du plötzlich hellwach wirst, etc.

Nehmen wir an, du hast eine Freundin die zu faul ist, Englischvokabeln zu lernen. Du stellst dir die Frage: Was interessiert sie sehr stark? Du kommst auf die Antwort: Tränenrührende Filme. Du siehst mit ihr einen romantischen Film auf Englisch und mit englischen Untertiteln an (DVD). Vielleicht bringst du sie sogar noch dazu, neue Vokabeln inklusive der Übersetzung auf kleine Kärtchen aufzuschreiben. Die Pausentaste hilft euch, keinen Stress beim Genießen des Films aufkommen zu lassen. Du wirst überrascht sein, wie schnell sie diese Vokabeln aufschnappt und dir später vorplappert.

Angenommen du hast einen Sohn der keine Lust hat seine Französisch-Hausaufgaben zu machen. Stattdessen spielt er lieber mit seinem Battlestar-Galactica-Computerspiel, schaut Battlestar-Galactica-Filme und spielt mit Battlestar-Galatica-Figuren. Nutze das! Das nächste Mal, wenn du seine Französisch-Hausaufgaben mit ihm durchgehst, stellst du die Battlestar-Galatica-Spielfiguren auf, und bittest ihn, die Figuren jeweils Französisch miteinander zu sprechen, unter Verwendung von Sätzen aus seinem Buch. Sag ihm aber, dass der Dialog einen Sinn ergeben und spannend sein soll. Durch diese kleine Einlage könntest du durchaus seine ganze Haltung zur Sprache verändern.

Ein anderer Fall. Manager Oliver hat Hemmungen englisch zu sprechen. Plötzlich läuft ihm die Frau seines Lebens über den Weg. Sie verliebt sich in ihn, er verliebt sich in sie. Das einzige Manko: Sie spricht kein Wort Deutsch, sondern nur Englisch. Was denkst du, wie schnell seine „Schwierigkeiten" mit Englisch vorbei sind? Er wird spätestens nach einem Jahr täglicher Konversation mit ihr, seine Hemmungen abgebaut haben, obwohl er fest behauptet hatte lernunfähig zu sein.

Ein Teil deines Lernprogramms, das du in einem späteren Kapitel erstellst, sollte mit Werkzeugen, Materialien und Mitteln durchgeführt werden, die dein persönliches Interesse anregen. Zu lernendes Vokabular sollte öfters mit Dingen assoziiert und in Verbindung gebracht werden, die dich persönlich betreffen und interessieren.

Gehen wir beispielsweise davon aus, dass du soeben die folgenden Sätze und Wörter in deiner Fremdsprache gelernt hast:

- ***„Wie weit ist es noch zum Flughafen?"***
- ***„Gibt es einen Blumenladen hier in der Nähe?"***
- ***„Das sind aber schöne Blumen."***
- ***„Sie ist die Frau des Bürgermeisters."***
- ***„sich treffen"***
- ***„Ich bin ..."***
- ***„Du bis t..."***
- ***„Herz"***

Wäre es nun nicht an der Zeit, deine eigenen Sätze aus diesen gelernten Wörtern zu bauen, und zwar Sätze, die tatsächlich deinem Interesse entsprechen, Sätze mit mehr Pepp, Humor und persönlicher Note?

Wärst du ein Mann, der gern flirtet, würdest du aus dem vorhandenem Vokabular beispielsweise Sätze bauen, wie:

- ***„Gibt es hier eine schöne Frau in der Nähe?“***
- ***„Du bist wie ein Blumenladen.“***
- ***„Ich treffe dich am Flughafen.“***
- ***„Du bist schöner als die Frau des Bürgermeisters.“***
- ***„Wie weit ist es zu deinem Herzen?“***

Aus langweiligen Sätzen wurden interessantere Sätze gebaut aus demselben Vokabularstoff, und du selbst hast sie erstellt. Dinge, die du *selbst erschaffst, behalten sich besser im Gedächtnis.*

Es kann trotzdem passieren, dass wirklich mal kein Interesse da ist, und du möchtest das Material trotzdem unbedingt lernen. In diesen Fällen liegt es an dir selbst, dein eigenes Interesse bewusst zu erhöhen. Wie macht man denn das? Dies ist wieder einmal eine mentale Fähigkeit, die du durchaus üben kannst. Du wendest sie bereits im alltäglichen Leben an, beispielsweise wenn es sehr wichtig für deinen beruflichen Aufstieg ist, Interesse zu zeigen. Erinnere dich an Momente, in denen du eigentlich kein Interesse hattest, und dann plötzlich Interesse produziert hast. Wie hast du das gemacht? Du hast dir einen *Willensschub* gegeben und der Sache mehr *stete* Aufmerksamkeit gewidmet. Wenn du also dein Interesse intensivieren möchtest, um den richtigen Geisteszustand für das Lernen herzustellen, dann gib mehr stete, unablenkbare Aufmerksamkeit. Dies ist eine sehr einfache Formel. Nachfolgend Beispiele von Übungen, bei dem du dieses Prinzip bewusst üben und nachvollziehen kannst.

ÜBUNG: Willensschub

1: Suche dir etwas aus, auf das du keine Lust hattest, das du hinausgeschoben hast, aber trotzdem erledigen möchtest (z. B. Geschirr spülen). Gib dir jetzt einen Willensschub und erledige das.

2: Übe auf einem Bein zu stehen, und zwar solange, bis du nicht mehr wackelst und es sowohl links als auch rechts mühelos ist. Bemerke, dass Übung den Meister macht und alles was früher mühevoll war, mit Übung leicht wird.

ÜBUNG: Interesse intensivieren durch Aufmerksamkeit

Suche dir ein normales oder vielleicht sogar langweiliges Objekt in deiner Umgebung aus.

Fokussiere und halte deine gesamte Aufmerksamkeit darauf.

Jedes Mal, wenn deine Aufmerksamkeit abschweift, führe sie sanft zum Objekt zurück.

Untersuche das Objekt solange, bis Langeweile oder Anstrengung durch Interesse oder Entspannung ersetzt werden.

Wiederhole dies mit einigen Gegenständen, bis du die Quelle von Interesse bei dir selbst erkennst.

ÜBUNG 2: Interessante Seiten herausarbeiten

Bemerke ein Objekt, das du als gewöhnlich oder langweilig oder nicht der Aufmerksamkeit wert erachtest, und finde daran etwas, was interessant sein könnte, oder finde Gründe warum es interessant werden könnte.

Wiederhole dies bis du aus jedem beliebigen Objekt etwas Interessantes „herausziehen“ kannst.

Diese Übungen mögen trocken erscheinen, aber lange genug geübt können Sie zu erstaunlichen Einsichten führen, die weit über das Sprachenlernen hinausgehen. Könntest du dir vorstellen, von einem langweiligen Telefonbuch so „high“ zu werden, dass du in Euphorie und Gelächter darüber ausbrichst? Solche Übungen haben sich tatsächlich bewährt. Dies würde bedeuten, dass du deine Wahrnehmung sehr stark trainiert hast. Dein Empfinden der Dinge hängt sehr stark mit deiner persönlichen, mentalen Bewertung der Sache ab. Die Bewertungen kommen von dir, ganz gleich, ob sie von alten Erfahrungen oder inneren Standpunkten herrühren.

Interessenorientiertes-Lernen kann auch die folgende Variante annehmen: Wer schon etwas weiter in seiner Fremdsprache ist, kann verschiedene Spiele spielen oder sportliche Aktivitäten ausüben, während er sich verpflichtet ausschließlich in der Fremdsprache zu sprechen. Wenn er so richtig „im Spiel“ ist und völlig auf das Spiel konzentriert ist, anstatt auf die Fremdsprache oder das Lernen an sich, wird ein interessantes Phänomen auftauchen, das ich schon sehr häufig beobachtet habe. Sein Sprechen wird fließender, ungezwungener, spontaner und es tauchen sogar Vokabeln auf, von denen er nicht einmal wusste, dass er sie kannte.

Warum? Er ist nicht mit Themen wie „Lernen“ oder „Was mache ich in der Sprache eigentlich für einen Eindruck auf andere?“ beschäftigt, sondern geht völlig im Spiel oder der Sportart auf. Dies führt dazu, dass er die Sprache spricht, ohne viel über die Sprache nachzudenken, also spontaner. Im Eifer des Gefechts hat er nicht die Zeit, nach Vokabeln zu suchen oder über den richtigen Satzbau nachzudenken. Das Vokabular sprudelt einfach aus ihm heraus.

Am häufigsten habe ich dieses Phänomen in meinen Seminaren beobachtet, wenn ich nach dem Mittagessen mit meinen Seminarteilnehmern zu Teamsportlichen Aktivitäten wie Football, Baseball, Basketball, Beach Volleyball, Fußball etc. gehe. Ich sage immer, dass währenddessen kein einziges deutsches Wort erlaubt ist. Im Eifer der Emotionen wird fünfmal so viel Englisch gesprochen, wie im Seminarraum! Und zwar völlig enthemmt!

Aus diesem Wissen heraus habe ich in meinen Englisch-Seminaren Spiele und Übungen entwickelt, die das *spontane Sprechen* trainieren.

Meistens muss ich spontanes Sprechen nicht ansprechen, denn es geschieht von alleine, wenn die Seminarteilnehmer in einer lustigen, spaßigen oder kreativen Aktivität verwickelt sind, bei der sie auf das Spiel, anstatt auf das Lernen konzentriert sind. Spontanes Sprechen unterliegt den folgenden Prinzipien:

Man spricht einfach drauflos, anstatt zu warten, bis jemand losspricht oder dich auffordert zu sprechen. Man spricht „aus dem Bauch", das, was einem gerade so einfällt. Man denkt nicht zu sehr über das nach, was man spricht. Weder grübelt man, noch wägt man ab, was man gleich sprechen wird. Man ist nicht darauf bedacht, den Satz oder das Wort perfekt rauszubringen, sondern möchte nur seine Absicht kommunizieren. Man versucht nicht „Gut-da-zustehen", sondern einfach nur darauf loszuplappern. Sicherlich ist „spontanes Sprechen" nicht immer angesagt, machbar oder wichtig. Aber man sollte den Zustand durchaus kennen, denn er kann zu überraschenden Erfolgen führen, wenn man erkennt, wie schnell, fließend, frei und hemmungslos man eigentlich schon sprechen könnte, wenn man nicht allzu sehr am Grübeln ist.

4. Lernen in der Tiefenentspannung

Entspannung, Aufmerksamkeit und Wohlbefinden, diese drei Dinge gehen miteinander einher.

Wenn du entspannt bist, steigert sich deine Aufnahmefähigkeit, deine Aufmerksamkeit und dein Wohlbefinden.

Wenn du aufmerksam bist, steigert sich deine Entspannung und dein Wohlbefinden.

Wenn du dich gut fühlst, steigern sich deine Entspannung und deine Aufmerksamkeit.

Lernen in einem Zustand der tiefen Entspannung wurde weltweit durch das sogenannte „Superlearning“ oder „Suggestopädisches Lernen“ bekannt.

Wissenschaftliche Untersuchungen und auch meine eigenen Erfahrungen ergeben, dass das Vokabular, welches in einem Zustand körperlicher Tiefenentspannung, bei gleichzeitiger geistiger Wachheit präsentiert wird, sich viermal besser einprägen lässt, als wenn man dir die Vokabeln vorliest, und du in einem normalen Geisteszustand auf der Couch sitzen würdest.

Es gibt die verschiedensten Theorien und Ansichten *warum* dies so ist. Eine der gängigsten geht davon aus, dass im sogenannten Alpha-Zustand, ein Zustand der Tiefenentspannung, das Tor zum Unterbewusstsein weit geöffnet ist. Das Unterbewusstsein wiederum, hängt mit dem Langzeitgedächtnis zusammen. Dies könnte eines der Gründe sein, warum Menschen, die an Superlearning-Sprachkursen teilnehmen, sich auch noch nach Jahren an das Gelernte erinnern.

Der Alpha-Zustand bezieht sich auf die Gehirnwellen-Aktivität, die an einem sogenannten EEG-Gerät messbar ist. Die folgenden Zustände wurden anhand solcher Messungen definiert:

1. ***BETA 40-14 Hertz***

   Wobei 40 Panik, Angstattacken und helle Aufregung repräsentiert,
   25 „auf dem Sprung sein“, hellwach sein, und
   20 der normale Alltagszustand ist.

2. ***ALPHA 13-7 Hertz***

   13 ist ein entspannter Zustand und
   7 ein sehr entspannter Zustand, kurz vor dem Einschlafen.

3. ***THETA 7-4 Hertz***

Dies ist gewöhnlich der Schlafzustand, für andere wiederum ein Zustand tiefer Trance oder Meditation. Träume und Wachträume oder sogenannte „Luzide Träume“ sind ebenfalls diesem Bereich anzusiedeln.

4. ***DELTA 3-0 Hertz***

3 ist der Tiefschlaf, indem keinerlei Träume mehr stattfinden,
0 ist dem Tod gleichzusetzen.

Zum Zwecke des Sprachenlernens empfehle ich zwei Zustände:

- Einen ganz normalen, jedoch **entspannten Zustand** (17 und 12 Hertz) und
- einen **Zustand der Tiefenentspannung** (11 bis 7 Hertz).

Auf beide möchte ich in diesem Buchabschnitt eingehen.

Ich verrate dir kein großes Geheimnis, wenn ich dir sage, dass du, wenn du entspannt bist, aufnahme- und lernfähiger bist.

Daher gehe ich zuerst auf den Zustand der Tiefenentspannung ein, den ich nachfolgend ***Alpha-Zustand*** nenne. Der Alpha-Zustand ist nicht für das Lernen über die ganze Zeit erforderlich, sondern nur für bestimmte Phasen des Lernens, und zwar beim INPUT von Vokabular. Alpha-Phasen solltest du gezielt in dein Lernprogramm einbauen. Es wird neues Vokabular wesentlich tiefer sinken lassen, als wenn du es lediglich normal lernst. Keine Frage, lernen im normalen Wachzustand ist ebenfalls nötig, aber der Alpha-Aspekt ist eine weitere Facette, die du in dein multi-methodisches Lernprogramm einbauen wirst. Ich hatte vorher viel darüber gelesen, aber erst in meinen Seminaren ist mir bewusst geworden, wie tief man Vokabular im Alpha-Zustand verankern kann. Es funktioniert hervorragend!

Obwohl wir alle lieber ein „Lernen im Schlaf“ hätten, muss ich dir sagen, dass lernen im Alpha-Zustand leider nicht ausreicht. Der Grund dafür ist, dass du das so tief eingesunkene Vokabular irgendwie wieder abrufen und hervorheben musst.

Zur Anregung für dein eigenes Lernprogramm, weihe ich dich in die Didaktik der Vokabular-INPUT-Sessions meiner Seminare ein:

1. *Ich präsentiere 100 neue Vokabeln im Kontext einer vorgespielten Geschichte (inklusive Körperbewegungen, Mimik, Gestik, etc.)*
2. *Ich gehe mit den Seminarteilnehmern das Vokabular gemeinsam durch.*

3. *Im Anschluss führe ich die Teilnehmer in ein audiovisuelles Kino mit Dolby Surround und sehr bequemen Liegestühlen.*

   Mittels eines bestimmten Farbprogramms auf der Leinwand und langsamer klassischer oder meditativer Musik und Atemtechnik, gelangen die Teilnehmer in einen Zustand tiefer körperlicher Entspannung bei gleichzeitiger geistiger Wachheit.

   Nach 10 Minuten tauchen im Herzrhythmus Vokabeln, Phrasen und deren Übersetzungen auf der Leinwand auf.

   Nachdem 100 Vokabeln gezeigt wurden, wird der Teilnehmer gebeten die Augen zu schließen.

   Er gleitet in eine noch tiefere Entspannung, dem Zustand kurz vor dem Einschlafen.

   Die 100 Vokabeln werden zu wohlklingender Musik noch mal wiederholt.

4. *Nach 30 Minuten verlässt der Teilnehmer das Kino und bekommt die 100 Vokabeln auf Flip-Karten (Vokabular-Karten).*

   Auf der Vorderseite steht das englische Vokabular geschrieben und auf der Rückseite das deutsche.

   Der Teilnehmer spricht und übersetzt nun das Vokabular im Wachbewusstsein.

   Nach der Session der Tiefenentspannung kann er meistens bereits 80 % des neuen Vokabulars vom Englischen ins Deutsche übersetzen und vom Deutschen ins Englische etwa 50 %.

5. *Danach wird das Vokabular im Rahmen von lustigen Rollenspielen, Ratespielen und Kommunikationsspielen angewendet bis es „sitzt".*

Wo also INPUT geschieht, muss auch OUTPUT geschehen, und deshalb folgen den INPUT-Phasen stets OUTPUT-Phasen, die ebenso wichtig sind.

Mit diesen und anderen Methoden hatte ich bereits erstaunliche Erfolge. Es wird plötzlich möglich, täglich 200 brandneue Vokabeln aufzunehmen und zu benutzen. Bei 6 Tagen Seminar ergibt dies 1200. D. h. in 30 Tagen kann man 6000 Vokabeln schaffen! (Der normale Sprachgebrauch erfordert nur 2000)

Ein Baustein unseres Lernerfolges hängt demnach mit dem Alpha-Zustand in Zusammenhang. Zwar gibt es viele Ansichten darüber wie der Alpha-Zustand funktioniert, was er ist, und nicht ist, warum er funktioniert, etc. Meiner Erfahrung nach ist dies alles nicht wichtig. Es funktioniert sogar dann, wenn man sich nicht ganz sicher ist, ob man „wirklich im Alpha-Zustand" ist oder nicht. Es funktioniert auch dann, wenn du keine Erfahrung mit Entspannungsübungen hast.

Ich möchte zwei Arten der Tiefenentspannung unterscheiden:

- Bei der einen Tiefenentspannung ist der ***Körper sehr entspannt, aber der Geist gleichzeitig hellwach, klar und bei vollem Bewusstsein***. Dies ist sogar eine sehr angenehme Geistesklarheit, die im hektischen Alltag eher selten vorkommt.
- In der zweiten ist der ***Körper entspannt und der Geist jedoch auch sehr schläfrig***. Dieser Alpha-Zustand ist üblicherweise der erste, vor allem bei Menschen in unserer heutigen überarbeiteten Gesellschaft. Wir sind es gewohnt einzuschlafen, wenn wir uns hinlegen, folglich wird der Geist schläfrig.

Menschen, die Erfahrungen mit Meditation haben, erleben häufiger den Zustand indem der Körper entspannt ist, aber der Geist keineswegs am Dösen, sondern klar und wach. Lange Rede kurzer Sinn: Beide Zustände funktionieren auf verschiedene Weise, aber beide funktionieren. Beim einen wird Vokabular bewusster vom Verstand „fotografiert" beim anderen unbewusster.

Entspannung an sich, ist für viele Lebensbereiche hilfreich, nicht nur für das Lernen. Und obwohl Anspannung ebenfalls seine Berechtigung hat, ist ein erschreckend großer Teil unserer heutigen Gesellschaft permanent und dauernd angespannt, sogar in Situationen in denen es nicht nötig wäre. Manchen Menschen ist nicht einmal bewusst, wie angespannt sie sind, bis sie zu einem Masseur gehen der schockiert über die Härte der Muskeln ist, oder zu einem Zahnarzt der sagt „Sie reiben sich jede Nacht die Zähne raus".

Der Zweck von immer beliebter werdenden „Wellness" und Meditation ist die Entspannung, geistig sowie körperlich. Wohlbefinden, Gesundheit und Intelligenz sind Dinge, die damit verbunden werden. Verschiedenste Meditationstechniken und Bewusstseinsübungen verfolgen den Zweck, den Gedankenfluss zu beruhigen, den Verstand zu entspannen. Du fragst dich, warum?

Der normale Mensch hat im Durchschnitt an die 80 000 Gedanken am Tag.

Dies sind wissenschaftliche Angaben. Ich behaupte jedoch, es sind wesentlich mehr. 80 % dieser Gedanken sind Wiederholungen der Gedanken vom Vortag, und der vom Tag zuvor, etc. Die wenigsten dieser vielen Gedanken sind wirklich nützlich oder hilfreich.

Und genau deshalb zielen fast jedes östliche und westliche Meditationssystem oder auch die fernöstlichen Sportarten (mittlerweile auch westliche) darauf ab, diesen Fluss an Gedanken zu beruhigen, stiller werden zu lassen.

Wenn dieser endlos plappernde, verrückte und laute innere Dialog ruhig gestellt wird, taucht eine höhere, innere Intelligenz auf... das ungenutzte Potential des Geistes. Klarheit, Kreativität, Balance & Wohlbefinden steigern sich als wären sie all die Zeit vom radioartigen Geplapper eines nervösen Verstandes übertönt und übertüncht gewesen.

Aktivitäten wie Sport, Kunst, Sex, Natur-Aktivitäten u.v.m. zielen ebenfalls darauf ab, diesen stetigen Gedankenfluss zu beruhigen. Ein ruhiger Geist erhöht die Aufnahmefähigkeit beim Lernen, die Aufmerksamkeit, Intelligenz, Wachsamkeit, Kreativität und die Denkfähigkeit.

Da dies also für das Leben, Lernen und Spielen von so enormer Bedeutung ist, zeige ich dir nun Wege und Möglichkeiten auf, um die Entspannung und die Beruhigung des Geistes zu steigern. Unmittelbare Auswirkungen auf die Lebensqualität und die Qualität des Lernens werden nicht lange auf sich warten lassen. Außerdem wollen wir ein paar Techniken begutachten, mit der du deinen Alpha-Zustand für Vokabular-Input erreichen kannst. Dies wird nicht so schwer sein, wie es klingen mag. Ganz im Gegenteil, es ist eher mühelos und angenehm.

Um im Alpha-Zustand Vokabular aufzunehmen, brauchst du eine CD oder MP3 die das zu lernende Vokabular abspielt, während du wohlig und entspannt daliegst.

Eine Liste von Dingen, die den Geist, das mentale Befinden und den Verstand beunruhigen:

- ***unerledigte Aufgaben, Chaos, schlechte Planung, Zerstreuung, Stress.***
- ***innere Abwehr gegen Erfahrungen, unaufgearbeitete, als negativ bewertete Erlebnisse.***
- ***verborgene Absichten, Geheimnisse, schlechtes Verhalten gegenüber anderen.***

Hier eine Liste von Dingen, die dazu beitragen, dass Geist und Verstand ruhiger und ausgeglichener werden:

- ***Professionelle und disziplinierte Projekt-, Zeit- und Aktivitätsplanung.***
- ***Akzeptanz, Anerkennung innerer Prozesse und Lebenssituationen.***

- ***Liebevoller und geduldiger Umgang mit sich selbst.***
- ***Körperliche Entspannung und Gesundheit.***
- ***Meditation, Sport, Sex, Kunst und Lernen.***
- ***Ehrlichkeit, Wahrhaftigkeit, Authentizität.***

Ehe du mit diesem Buch zu weiteren interessanten Kapiteln voranschreitest, wäre es durchaus hilfreich, ein paar Zustände der Entspannung und Tiefenentspannung selbst herbeizuführen. Wenn dir die folgenden Aktivitäten nicht liegen, kannst du den Rest dieses Kapitels überspringen.

Meditation ist die Kunst des Nichtstuns. Es ist weniger eine Aktivität als ein „Aufhören mit jeglicher Aktivität“. Entspannung kann ich mir nicht befehlen. Entspannung kann ich zulassen.

ÜBUNG: Tiefe Bauchatmung

Tiefe, sanfte Bauchatmung entspannt dich unmittelbar.

Atme 5 Minuten oder eine halbe Stunde, oder wie lange auch immer dir beliebt, tief und sanft in den Bauch.

Lasse die Bauchdecke durch deinen Atem sich heben und senken.

Atme bewusst, langsam und tief.

Bemerke wie sich Muskelanspannungen lösen und das Gehirn mit mehr Sauerstoff versorgt wird.

Um die Tiefenentspannung für Vokabular-Input zu erlangen, reicht es meistens, wenn du dich lediglich hinlegst und die Augen schließt.

Nimmst du noch diese tiefe Bauchatmung hinzu, gleitest du leichter in den Alpha-Zustand hinein.

Musik kann ebenfalls hilfreich sein.

Ein kleiner Trick am Rande: Einatmen, wenn Vokabeln kommen, ausatmen, wenn sie gehen.

Praktiziere dies aber nur, wenn du als Lernender oder Meditierender sehr erfahren bist, sonst erfordert es zu viel Konzentration.

Die richtige Atmung ist in jedem der nachfolgenden Übungen hilfreich.

Variante 1:

Entdecke im Körper ein unangenehmes Gefühl oder ein Gefühl der Blockade, Hemmung, des Drucks, Widerstands oder der Abwehr und atme, während du die Aufmerksamkeit auf dieses Gefühl richtest.

Entspanne dich mit jedem Atemzug mehr in diese Körperstelle oder dieses Gefühl hinein.

Variante 2:

„Kreisatmung".

Bei der Kreisatmung atmest du in „einem einzigen Kreis", d. h. ohne Pause zwischen Ein- und Ausatmung, langsam, bewusst und sanft.

Variante 3:

„Den Atem beobachten."

Beobachte lediglich einige Minuten lang den Atem.

Fühle die Leichtigkeit des Atems... dies wird dich von alleine entspannen.

ÜBUNG: Den Körper mit Aufmerksamkeit überfluten

Dies ist für viele Zwecke eine sehr angenehme Übung, die dich energiegeladener und gleichzeitig entspannter zurücklassen wird.

Wenn du den Körper mit liebevoller, wohlwollender Aufmerksamkeit überflutest, überflutest du deinen Körper mit Energie.

Dabei legst du dich hin, und beginnst damit, dass du dich z. B. voll und ganz auf die rechte Hand konzentrierst.

Sei mit der rechten Hand, und sei die rechte Hand.

Löse die Muskelanspannung.

Sei mit der Aufmerksamkeit in der rechten Hand bis sie warm und entspannt ist, dann der rechte Arm, dann die linke Hand, dann der linke Arm... etc., bis du jeden Körperteil berücksichtigt hast.

Für Anfänger mag es durchaus 30 Minuten bis 1 Stunde dauern bis alles vollkommen entspannt ist.

Mit der Zeit wirst du auch schnell merken, welcher Körperteil noch nicht ganz entspannt ist.

Du wirst lernen, wie du dich „in etwas hinein entspannst" und alleine dadurch unangenehme Empfindungen im Körper auflösen kannst!

Zum Zweck des Englischlernens wird wohl keine vollkommene Entspannung nötig sein, aber durchaus ein warmer, etwas schwerer Körper. Für die bewusste Aufnahme von Vokabeln wird es darüber hinaus nötig sein, während dieser Übung geistig wach und bewusst zu bleiben.

Viele Menschen können sich entspannen, schlafen aber dabei automatisch ein. Diese Verhaltensweise haben sich die meisten über Jahre hinweg angewöhnt. „Sich hinlegen = schlafen“. Es ist aber auch anders möglich.

Bei der unbewussten Aufnahme von Vokabeln ist es in Ordnung schläfrig zu werden, oder in einen Halbschlaf zu versinken.

ÜBUNG: Phantasiereise

Eine Phantasiereise ist eine sehr angenehme Art sich zu entspannen und dabei gleichzeitig die Phantasie zu trainieren (ein ausgeprägtes Vorstellungsvermögen erhöht deine Lernfähigkeit um ein Vielfaches!).

Bei einer Phantasiereise schließt du lediglich die Augen und begibst dich an einen Ort der dir gut gefällt. Dies kann ein Strand sein, oder eine angenehme Erinnerung, oder ein anderer Planet... wie du willst. Du erlebst in deiner Phantasie diesen Ort mit so vielen Sinnen wie du gerade kannst, (ich SEHE den Strand, die Bäume, den Ozean, ich HÖRE den Wind, das Rauschen der Wellen, die Vögel, ich FÜHLE den Sand, die Brise, die Wärme der Sonne, ich RIECHE die süße Luft, ich SCHMECKE Früchte auf den Bäumen etc.).

Wenn ich Englischkurse gebe, führe ich Teilnehmer durch meditative Phantasiereisen auf Englisch. Dies führt nicht nur dazu, dass sie sich ausnahmslos alle Vokabeln der Phantasiereise merken, sondern sich ihre Konzentrationsfähigkeit, Phantasiekraft und sie ihren Motivationsgrad steigern.

Dies waren also drei simple Meditationen, die du so oft anwenden kannst, wie du möchtest. Probiere es aus, deine Lernsitzungen mit Entspannung zu verbinden. Noch eine tolle Idee, auf die meine Partnerin gekommen ist. Sie plagt sich seit Jahren, um ihr Englisch zu verbessern. Inzwischen macht sie ihre Englisch-Sessions zu einem Mini-Wellness-Urlaub. Sie lässt sich ein Algenbad ein, und während sie drin liegt, läuft eine CD mit 100 neuen Vokabeln. Danach schließt sie die Augen, und ich baue ihr so viele der Vokabeln wie möglich in eine spontane Phantasiereise ein. Die 30-minütige Ruhepause nach dem Vollbad nutzten wir zu einer Konversation, bei der sie die neuen Vokabeln verwendet.

Wie ist sie darauf gekommen? Sie wendet eines der wichtigsten Prinzipien des Buches an: „Verbinde das Nützliche (in diesem Fall die Sprache) mit dem Angenehmen!“

5. Kreatives & gehirngerechtes Lernen

Das lernende Gedächtnis behält durchschnittlich...

- ***10 % von dem was wir lesen***
- ***20 % von dem was wir hören***
- ***30 % von dem was wir sehen***
- ***40 % von dem was wir hören & sehen***
- ***50 % von dem was wir schreiben***
- ***60 % von dem was wir sagen***
- ***70 % von dem was wir tun***
- ***80 % von dem was wir fühlen und erfahren***
- ***90 % von dem was in einem für uns stimmigen KONTEXT gelesen, gehört, geschrieben, gesagt oder getan wird.***

Dieser Erkenntnis zufolge wäre es durchaus ideal, wenn wir neu zu lernende Wörter und Vokabel lesen, hören, sehen, schreiben, sprechen und ausagieren. Noch effektiver wird das Ganze, wenn es in einem Bezugsrahmen (Kontext) stattfindet, der für uns einen Sinn ergibt, eine Verbindung herstellt, interessant ist oder uns persönlich betrifft. Was sind also Bezugsrahmen?

Was dient als Kontext? Beim Sprachenlernen sind es:

1. ***Eine Geschichte***
2. ***Ein Bild***
3. ***Ein Satz***
4. ***Ein Gespräch (Kommunikation, Konversation)***
5. ***Eine Körperbewegung (Gestik & Mimik)***
6. ***Eine Assoziation (Eselsbrücke, Verbindung, Gleichnis)***
7. ***Ein Rollenspiel***
8. ***Eine Präsentation (Vortrag, Rede, Show)***
9. ***Ein Ereignis oder eine Situation***
10. ***Eine Örtlichkeit***
11. ***Ein Objekt***

Absolut ideal wäre es, z. B. für jedes zu lernende Wort das entsprechende Objekt oder den entsprechenden Ort zu haben. Würde ich dir also gerne Vokabular zum Thema „Fliegen & Flughafen“ beibringen wollen, wäre es das Beste, direkt an einem Flughafen und in einem Flugzeug *zu sein.* Dort würdest du die Themen und Objekte um die es geht, erleben, fühlen, anfassen, sehen. Allerdings wäre der Aufwand für die meisten Lernenden sicherlich zu groß, um für jedes einzelne Wort zu genau zu dem Ort zu gehen, wo es verwendet wird. Bei 4000 zu lernenden Vokabeln könnten dies durchaus mehrere tausend Orte sein. Was hinzu kommt, sind die abstrakten Wörter, zu denen kein unmittelbarer Ort, kein Bild oder Objekt erkennbar ist. Zum Wort „Apfel" kann ich dir einen Apfel geben oder zumindest das Bild eines Apfels zeigen. Wenn ich dir aber das Wort „anscheinend" beibringen möchte, welches Bild oder Objekt zeige ich dir dafür? Für solche Vokabeln müssen andere Kontexte her. Was im späteren Verlauf des Lernens noch hinzukommt, sind Vokabeln, die wiederum von anderen Wörtern abgeleitet sind: Redewendungen, Sprichwörter und Slang. Dies ist die fortgeschrittene Stufe des Lernens, wo es nötig ist, bereits einige tausend Wörter und die Mentalität der Fremdsprache zu kennen, um überhaupt Fortschritte zu machen.

Nehmen wir an, du bist als Austauschschüler in den USA und hörst Mitschüler jemanden hänseln und sagen „Preppy!". Um den Ursprung dieses Wortes auch nur annähernd zu erkennen, müsstest du wissen, was „Prep School" ist. „Prep School" ist wiederum eine Abkürzung für Preperation School (Vorschule). Das deutsche Äquivalent für das Wort ist in etwa „Weichei" oder „Muttersöhnchen". Hier brauchst du also schon 3 Bezugsrahmen für ein einziges Wort.

Kommen wir zum Wort „anscheinend" zurück. Da kein Bild oder Objekt dazu gezeigt werden kann, brauchen wir… was? – Eine Situation, in der du es anwenden kannst oder einen vollständigen Satz, der dieses Wort enthält. Meine Beobachtungen ergaben, dass du ohne Kontext an die 30 Wiederholungen brauchst, um dir ein Wort dauerhaft einzuprägen. Mit einem Kontext braucht es etwa *drei* Wiederholungen. Kontext spart Zeit.

Gehirn- und gedächtnisgerechtes Lernen beinhaltet auch die *Kategorisierung* von Vokabular. Dein Verstand muss in der Lage sein, zu lernende Wörter in eine Schublade des Gedächtnisses zu legen. Je geordneter du lernst, desto mehr Speicherplatz hast du für weitere Vokabeln in deinem Gedächtnis frei.

Stell dir vor, du hast auf deinem Schreibtisch 30 Schmier- und Notizzettel liegen. Und nun, stell dir vor, du hast all diese Informationen in einer Liste auf einem einzigen Blatt Papier. Verstehst du das Prinzip? Das Gedächtnis liebt Kategorisierung, Strukturierung, Systeme, Ordnung und Organisation. Wenn du so lernst, imitierst du das typische Verhalten deines Verstandes, und dein Verstand wird dir dafür danken.

Ein Beispiel für die Umsetzung dieses Prinzips: Du lernst 100 Vokabeln und alle 100 Wörter haben mit demselben Thema zu tun, sei es „Präsentation & Moderation“ oder „Pflanzenkunde & Gärtnerei“ oder „Computer und Internet“. Die Wörter sind etikettiert und kategorisiert.

Ich möchte nun eine kleine Übung mit dir machen, um dir die bisher in diesem Kapitel besprochenen Prinzipien noch deutlicher zu machen. Folge dieser Übung bitte so, wie sie dasteht, ohne zu schummeln.

Ich nenne dir nun 20 zusammenhanglose Wörter. Sieh sie dir ein einziges Mal an, verdecke sie dann, und versuche sie wiederzugeben, bevor du im Text weiterliest.

JOGGER, SCHNAUFEND, BETTLER, PFLANZE, WÄCHST, BEMITLEIDENSWERT, GEHWEG, KAUGUMMI, SPUCKEN, HAND, BANANENSCHALE, MÜNZE, AUSRUTSCHEN, BLUTEN, TASCHENTUCH, PLÖTZLICH, GELD, KREDITKARTE, ZAHLEN, VERWERTEN.

Wie viele hast du dir gemerkt? Hast du sie dir in der richtigen Reihenfolge gemerkt? Wie viele davon wirst du in einem Jahr noch wissen? Vielleicht kein einziges. Mit genügend Anstrengung merken sich die meisten Menschen etwa 50 % der Liste kurzzeitig.

Ich verpacke dieses Vokabular nun in eine Geschichte. Lies die Geschichte, lasse den Film vor deinem geistigen Auge ablaufen, decke dann die Geschichte ab und versuche die 15 Vokabeln noch mal in der richtigen Reihenfolge wiederzugeben.

*Ein **Jogger** rennt **schnaufend** einen **Gehweg** entlang, an dem auf der rechten Seite ein **Bettler** sitzt und auf der linken Seite eine **Pflanze wächst**.*

*Der **bemitleidenswerte** Bettler streckt dem Jogger eine Hand aus, und bittet um nur eine **Münze**, doch der Jogger **spuckt** ihm lediglich einen **Kaugummi** in die **Hand**. Daraufhin **rutscht** der Jogger auf einer **Bananenschale aus**. Er liegt am Boden und **blutet** leicht. Der Bettler bietet dem Jogger ein **Taschentuch** an. Aber **plötzlich** verlangt der Bettler **Geld** für das Taschentuch. Der Jogger hat nur eine **Kreditkarte** dabei, mit der er **zahlen** könnte und reicht ihm diese. Der Bettler kann die Kreditkarte aber nicht **verwerten**.*

Decke das hier Geschriebene noch mal ab! Sehe woanders hin und gib die 15 Vokabeln wieder, indem du der Geschichte folgst.

Du wirst die Erfahrung gemacht haben, dass du dir die 15 Wörter wesentlich leichter einprägen konntest, weil du sie

a) in einem Kontext oder Zusammenhang zu anderen Dingen siehst,
b) einen geistigen Film davon hast und
c) der folgende, für das Lernen äußerst wichtige Vorteil ist, dass dein Gedächtnis sich nicht 15 Dinge merken muss, sondern nur ein einziges Bild! Ein einziges Szenario, in dem alles enthalten ist, anstatt 15 separate Bilder.

Was für eine Entlastung!

Erinnere dich beim späteren Lernen daran, wie vorteilhaft es ist, eine größere Menge Vokabular im Kontext einer Geschichte zu lernen. Gut ist es, wenn die Geschichte einem Lernprogramm, Buch oder einem Lehrer entstammt, aber noch besser ist es, wenn die Geschichte von dir selbst stammt, du dir eine eigene Geschichte erfindest und ausdenkst, mit deiner persönlichen Note. Dies steigert die Menge an Vokabeln, die du fähig bist zu behalten. Kommt hinzu, dass du dadurch deine Kreativität trainierst. Kreatives Studium steigert deine Intelligenz und dein Wohlbefinden.

Eine Vielzahl herkömmlicher Lern- und Lehrmethoden benutzen weder gehirngerechte, noch kreative, noch pro-aktive Lernmethoden. Beim traditionellen Schulunterricht ist es in vielen Fällen immer noch so, dass ein Schüler brav und bewegungslos auf dem Stuhl sitzt, während vorne jemand steht und den Schüler mit Informationen bombardiert. Der Schüler ist passiv. Er lernt nicht durch Selbsterfahrung, Aktivität, kreatives Studium. Er lernt nicht selbständig zu denken oder zu hinterfragen. „Indoktrination“ ist ein Wort, welches das Vollstopfen eines Geistes mit Glaubenssätzen und Richtlinien bezeichnet. „Konditionierung“ ist ein Wort welches die permanente Wiederholung von Fakten unter Verwendung von Straf- und Belohnungsmaßnahmen bei Wissen und Nichtwissen bezeichnet. Dies ist der direkte Gegenpol zu kreativem, selbstbestimmten Studium.

Um einen Schüler optimal auf das Leben vorzubereiten, würde ich diese veralteten Lehrmethoden zum Teil durch die folgenden ersetzen:

Mehr Lehrthemen, die mit den praktischen Dingen des Alltags zu tun haben oder die sich später im Leben praktisch umsetzen lassen. Kommunikation, Beziehung, Liebe, Finanzmanagement, Zeitmanagement, Kreativität, den Verstand als Werkzeug benutzen, Toleranz, äußeres Erscheinungsbild, multi-perspektivisches Denken, Glück & Wohlbefinden, Sport, Sexualität, bewusster und kritischer Umgang mit den Massenmedien… Solche Themen sind es, die meines Erachtens, in der Schule viel zu kurz kommen. Fast scheint es so, dass alles, was wirklich wichtig und brauchbar ist, in der Schule nicht zur Sprache kommt. Mehr Aktion statt Reaktion von Seiten der Schüler, würde ich empfehlen. Mehr Bewegungsphasen im Unterricht. Es entspricht nicht der Natur von Kindern, dauernd in Bewegungslosigkeit zu verharren. Gruppenspiele und Übungen. Unterrichtsthemen anhand von realen Beispielen und Ausflügen demonstriert. Bei historischen und zeitgeschichtlichen Themen müsste öfter die Brücke zur heutigen Zeit und der Situation der Schüler hergestellt werden. Aus der Vergangenheit für das Heute lernen, nicht nur für die Informationssammlung lernen. In manchen Schulen wird lediglich Wert darauf gelegt, gute „Ja-Sager" und Facharbeiter auszubilden. Lustigerweise sind manchmal die, mit den allerbesten Noten, die größten „Ja-Sager". Sie machen alles mit, rebellieren nie, versuchen immer den bestmöglichen Eindruck gegenüber der Autorität zu machen. Solche Kandidaten werden oft im späteren Leben die besten Sklaven für große Firmen. Im Unterricht fehlen oft Methoden und Mittel um die Intelligenz und Denkklarheit zu erhöhen (Phantasiereisen und Meditationen wären z. B. ein solches Mittel). Lehrern fehlt oft die Ausbildung, um ein guter Präsentator, Moderator und Entertainer zu sein. Die besten Lehrer haben Entertainer-Qualitäten. Sie können die Aufmerksamkeit der Schüler über längere Zeit aufrechterhalten. Sie haben kommunikative Fähigkeiten, mit denen sie Schüler motivieren können. Sie haben therapeutische Qualitäten, mit denen sie Schülern in Problemsituationen helfen und unterstützen können.

Wie sind diese Defizite zu lösen? Durch mehr staatliche Geldinvestitionen in die Bildung? Doch eher, dass Lehrer, Leiter, Direktor und Trainer nicht nur das übernehmen, was sie von anderen gelernt haben, oder was sie aus ihrer Schulzeit kennen, sondern die Initiative ergreifen und Dinge tun, die sie für richtig und effektiv halten.

90 % aller Seminare, die gehalten werden, werden nach Mustern des sogenannten „Frontalunterrichts" gehalten. Der Seminarleiter, der das Thema eigentlich schon kennt und kann, steht vorne und ist 80 % der Zeit aktiv, während die Teilnehmer nur 20 % der Zeit aktiv sind. Es müsste genau umgekehrt sein oder zumindest in einem 50/50 Verhältnis. Wusstest du, dass ein Lernender vielmehr aus einem Seminar gewinnt, wenn er selbst auf bestimmte Antworten und Fakten kommt, als wenn sie ihm vom Seminarleiter nur gesagt werden? Dies verursacht einen „Aha!"- Effekt und gibt dem Teilnehmer die Erfahrung, eigenständig und selbst eine Erkenntnis gemacht zu haben.

Aber genug der kritischen Betrachtung herkömmlicher Wege. Ich gehe davon aus, dass uns spätestens in etwa 50 Jahren neue Lehrmethoden erwarten.

Ich möchte dir nun ein Beispiel dafür geben, was einprägsam wäre, falls du 100 Business-Englisch-Vokabeln hast, die du dir nur schwer merken kannst. Du hast schon Verschiedenes versucht, aber irgendwie stolperst du immer, wenn es darum geht diese speziellen komplizierten Wörter abzurufen. Was tust du also?

Du gehst in ein Schreibwarengeschäft und kaufst dir die Zeitschriften, die spannende Bilder enthalten. Außerdem holst du dir einen schwarzen Marker-Stift dazu. Du gehst nach Hause, machst es dir mit dem Stift, den Zeitschriften und der Liste deiner schwierigen Vokabeln bequem und meldest dich für 30 Minuten von jeglicher anderer Aktivität ab.

Nun kommentierst du mit diesen Vokabeln verschiedene Bilder in den Zeitschriften auf humorvolle Weise. Schreibe mit deinem schwarzen Stift die Vokabeln (in einen vollständigen Satz eingebettet) direkt auf die Bilder. Reiße danach die Bilder aus der Zeitschrift heraus, und hänge sie in deiner Wohnung auf. Schau sie dir ab und zu an. Nach ein paar Tagen kannst du die Bilder wieder abhängen.

Das war eines von vielen Beispielen für *kreatives* Lernen. Solltest du jene Übung wirklich mal machen, wirst du feststellen, dass du auf vergnügliche Art und Weise 100 neue Vokabeln gelernt hast und dich an diese erinnern kannst, wenn du sie brauchst. Kreativität = rechte Gehirnhälfte = Langzeitgedächtnis, könnte hier eine Formel lauten.

Romantik, Liebe, Action, Thriller, Sex, Erotik, Science-Fiction, Phantasie, Horror, Drama, Tragödie, Komödie, etc. sind Themen, mit denen man sich gut und dauerhaft Vokabeln einprägen kann. Sie sprechen das Gedächtnis an und eignen sich gut für Phrasen, Vokabeln und Geschichten.

Sogenannte „Eselsbrücken“ funktionieren folgendermaßen:

Verbinde das Wort, das du lernen möchtest, mit einem deutschen Wort, das *ähnlich* klingt. Dann *erfinde einen Zusammenhang* zwischen dem Wort aus der Fremdsprache und dem deutschen Wort.

Ein paar Beispiele aus meinen Englischseminaren:

divorced = geschieden (Aussprache: divorst)
Was klingt im Deutschen ähnlich? „Die Wurst" zum Beispiel.
Warum bin ich geschieden? Nun, „die Wurst" war an allem Schuld.☺

widowed = verwitwet (Aussprache: widdod)
Was klingt im Deutschen ähnlich? „Wie Tod" zum Beispiel.
Seitdem ich verwitwet bin, wirke ich „wie tot".

spoil = verderben
Wir kennen im Deutschen den „Spoiler" am Auto.
Die Verbindung: Der Spoiler *verdirbt* das ganze Auto!

Wenn es dir zur Erinnerung der Vokabel dient, ist es völlig egal, wie weit hergeholt oder verrückt deine „Eselsbrücke" ist. Was funktioniert ist erlaubt! Schließlich musst du niemandem erzählen, wie genau du dir ein Wort gemerkt hast. Assoziationen und Eselsbrücken bauen ist etwas, was ohnehin automatisch im Verstand geschieht. Wenn du ein neues Wort in einer Fremdsprache hörst, sucht dein geistiger Computer sofort nach etwas Vergleichbarem oder etwas, mit dem er dieses Wort kategorisieren kann. Vielleicht ist dir das schon aufgefallen.

Brücken können auch über Begriffe aus anderen Sprachen gebaut werden, die ähnlich klingen. Für mich als Amerikaner ist es etwas leichter Italienisch zu lernen, weil mindestens 30 % italienischer Wörter gleicher Bedeutung sehr ähnlich dem Englischen klingen. Solche Begriffe brauche ich nur ein einziges Mal zu sehen, um sie im Gedächtnis zu behalten.

Beispiele:

Italienisch:	***Englisch:***
Sul Serio	***Are you serious?***
Certo!	***Certainly!***
Essato!	***Exactly!***
Normalmanmente!	***Normalerweise!***
Infortunato	***Unfortunately***

Hier ein Beispiel für ein einziges Wort in 4 Sprachen:

Marvellous ***Marvilloso*** ***Mervilleu*** ***Mervillinge***

Sprichst du jedoch Deutsch als Muttersprache, ist mit dieser Methode Vorsicht geboten. Du hast es hier mit etlichen „falschen Freunden“ zu tun, d. h. Wörter die ähnlich klingen, aber keineswegs dasselbe bedeuten.

Beispiele:

„I hardly work“ heißt nicht ***„Ich arbeite hart***“,
sondern: ***„Ich arbeite kaum“.***

„I become a fish“ heißt nicht ***„Ich bekomme Fisch“,***
sondern: ***„Ich werde zu einem Fisch“.***

„He is serious“ heißt nicht ***„Er ist seriös***“,
sondern: ***„Er ist ernst“.***

Sei vor „falschen Freunden“ auf der Hut und benutze lieber Brücken, wie die vorhin genannten.

Das Kapitel über Spiele und Übungen hält eine weitere große Palette an Methoden bereit „gehirngerecht“ und kreativ zu lernen. Achte dort insbesondere auf „über die Mittelsprache lernen“ und „deutsche Lautsprache“.

6. Aufmerksamkeit & Wachsamkeit

Manchmal kommt es nicht darauf an *was* wir tun, sondern *wie* wir es tun.

Dein persönlicher Lernerfolg hängt nicht immer davon ab, wie lange, angestrengt, und wie viel du lernst, sondern mit welcher Aufmerksamkeit und Wachsamkeit du lernst, während du lernst. Eine Stunde absoluter Wachsamkeit beim Lernen, kann mehr bringen als 8 Stunden in einer trägen, zerstreuten oder schwachen Aufmerksamkeitsspanne. Der Schwerpunkt liegt demnach nicht bei WAS getan wird, sondern WIE es getan wird. Gehe ich entspannt, neugierig und wissbegierig an die Lernmaterialien heran oder eher gelangweilt, angestrengt und abgelenkt?

Die Aufmerksamkeitsspanne, d. h. die Zeitspanne, die du in der Lage bist, aufmerksam und wachsam zu bleiben ist absolut entscheidend. Die Qualität deiner Aufmerksamkeit und persönlichen mentalen Energie ist wichtig für das superschnelle Lernen, da es fast eine notwendige Voraussetzung ist, möglichst viel Grundwissen zum Thema Aufmerksamkeit zu haben.

Lernaufmerksamkeit hast du, wenn deine Aufmerksamkeit „frei" ist, d. h. sie ist nicht auf irgendein anderes Thema fixiert, sondern mühelos steuerbar.

Angenommen, ich würde dich darum bitten, deine gesamte Aufmerksamkeit mehrere Minuten lang auf ein einziges Objekt zu richten. Könntest du das schaffen? Wenn es scheitern würde, warum würde es scheitern?

Deine Aufmerksamkeitsspanne kannst du folgendermaßen erhöhen:

Konzentriere dich für mehrere Minuten auf ein einziges Objekt aus deiner Umgebung. Dies sollte ein Objekt sein, auf das du deine Aufmerksamkeit normalerweise nicht so lange am Stück fokussierst (also nicht der eingeschaltete Fernseher, sondern eher eine Pflanze, einen Aschenbecher oder die Stereoanlage).

Das war deine visuelle Aufmerksamkeit. Dasselbe kannst du mit deiner auditiven Aufmerksamkeit machen, und ich empfehle es dir sogar.

Die meisten Menschen verlassen sich erstaunlicherweise zu 80 % auf ihre visuelle Wahrnehmung. Das Training der anderen Sinne liegt mehr oder weniger brach. *Sehen, hören, fühlen, schmecken, riechen*, in dieser Reihenfolge werden die Sinne durchschnittlich benutzt.

Für das Sprachenlernen ist jedoch das *Hören* mindestens genauso wichtig wie das Sehen, wenn nicht wichtiger. Beim Musik hören, musizieren und intensivem Lauschen der Natur kann die „Aufmerksamkeit der Ohren“ trainiert werden.

„Richtiges Zuhören“ ist nicht nur in der zwischenmenschlichen Kommunikation von großer Bedeutung, sondern auch beim Vokabeln lernen. In der zwischenmenschlichen Kommunikation sollte ich in der Lage sein, genau das wiederzugeben was mein Kommunikationspartner sagte, und auch beim Sprachenlernen sollte ich genau das wiedergeben können was gesagt wurde, und zwar ohne eigene Interpretationen. Wie ich bereits in einem anderen Buchabschnitt erwähnt habe, wirken diese Interpretationen tatsächlich als Filter der Wahrnehmung und können dazu führen, dass man nicht genau das wiedergibt, was man gehört hat, sondern eine eigene geistige Erfindung.

Erkennst du irgendwelche Parallelen zur täglichen Kommunikation mit anderen Menschen? Wie sehr verlässt du dich bei deiner täglichen Wahrnehmung ausschließlich darauf, was du siehst? Stecke dir Watte in die Ohren, und versuche ein paar Stunden damit klarzukommen. Du wirst keine Probleme damit haben. Im Gegenteil, du wirst danach vielleicht mehr deine auditive Wahrnehmung zu schätzen wissen. Verbinde dir aber ein paar Stunden lang die Augen und du wirst ein paar Stunden lang völlig außer Gefecht sein!

Die Sinne zu schärfen kann deine Wahrnehmung stark erhöhen und folglich dein Lebensgefühl steigern. Deshalb benutzen viele bei „Mentaltrainings“ und „Meditationstrainings“ solche Übungen, bei denen es darum geht, die Aufmerksamkeit auf verschiedene Sinne zu konzentrieren.

Hier eine kleine Übung zur Schärfung der „Ohren-Aufmerksamkeit“:

Ein Partner lässt verschiedene Objekte fallen, und du errätst mit geschlossenen Augen, welche es sind.

Hast du übrigens schon mal daran gedacht, dieses Buch zu hören oder zu riechen? Wahrscheinlich siehst du es zu 95 % und fühlst es zu 5 %.

Nimm dir also Zeit und spüre das Buch so richtig in deinen Händen. Dann nimm dir einige Sekunden und höre das Buch, indem du die Seiten blätterst oder gegen das Papier reibst.

Dann nimm dir einige Sekunden und rieche das Buch. Konzentriere dich und rieche so intensiv du kannst. Wenn du etwas konventionellere Möglichkeiten suchst, dann kannst du mit einem Glas Rotwein deinen Geruch- und Geschmackssinn trainieren.

Mit einer Katze kannst du deinen Tastsinn erhöhen.

Versuche solche Übungen und auch das Lernen zu genießen, denn: Nicht das Leben ist langweilig, sondern deine eigene Wahrnehmung des Lebens.

Für das Sprachenlernen ist das präzise Gehör deshalb so wichtig, weil du nur so das Wort richtig wiedergeben kannst.

Hören – im Verstand kopieren – wiedergeben.

Wie hoch die Qualität der Wiedergabe ist, hängt davon ab, wie gut du gehört hast.

Sprachenlernen ist nichts anderes als hören, sehen, kopieren und wiedergeben von Wörtern und Sätzen.

Das Wiedergabegerät ist dein Gehirn.

Das beste Werkzeug des Gehirns ist die Aufmerksamkeit.

7. Mentale Einstellungen

Ein schlechter Handwerker schiebt die Schuld auf seine Werkzeuge.

Noch bevor ich dir eine gute Sammlung an Werkzeugen gebe, möchte ich einige Hinweise über die geistige Einstellung des Lernenden geben.

Einer Person die eine schwache, unmotivierte, faule oder lieblose Haltung hat, kann ich die größten, modernsten, besten Methoden, Technologien und Werkzeuge geben, aber sie wird nichts Nennenswertes daraus machen können.

Jemand mit einer frischen, aufgeweckten, liebevollen und willensstarken geistigen Einstellung könnte ich vermutlich *jeden beliebigen Müll geben, und er würde Gold daraus machen.* Aus einer x-beliebigen „Sprachlernkassette“ aus dem Supermarkt um die Ecke, würde er noch das Allerbeste machen.

Ohne allzu streng klingen zu wollen, wiederhole ich es:

Die Kraft kommt aus dir selbst, und nicht unbedingt immer von der Methodik, den beschriebenen Blättern und den sonstigen Werkzeugen. Ohne dich liegen die Werkzeuge brach.

Somit präsentiere ich dir nachfolgend eine Reihe geistiger Einstellungen, Verhaltensweisen, die für das Meistern von etwas Neuem absolut hilfreich sind.

Energie investieren:
ZEIT – AUFMERKSAMKEIT – GELD

Investierst du Energie in etwas, bekommst du etwas dafür zurück. Investierst du keine oder wenig Energie, wird genau das zurückkommen. Wenig oder gar nichts.

Erstaunlicherweise scheint es, als wäre es fast egal, womit oder wie genau man Energie in eine Sache investiert, wenn Energie investiert wurde, bekommt man das gewünschte Resultat zurück.

Erfolg stellt sich im direkten Verhältnis dessen ein, wie viel Energie ernsthaft eingebracht wurde.

Die drei Arten von Energie, die du in deine Fremdsprache investieren kannst, beschränken sich auf: ***Zeit, Aufmerksamkeit und Geld.***

Hast du weniger Zeit & Aufmerksamkeit, wirst du wohl mehr Geld investieren müssen – etwa für Kurse, Seminare, Lehrer, Trainer, Auslandsreisen.

Hast du weniger Geld, wirst du mehr Zeit & Aufmerksamkeit investieren müssen.

Hast du nicht genügend „freie Aufmerksamkeit“, wird dein Lernen zeitaufwendiger sein.

Hast du nicht genügend Zeit, wirst du mehr Aufmerksamkeit und Wachheit beim Lernen brauchen, um gute Resultate zu erzielen.

Wie du siehst, bedingen sich diese drei Energien. Am besten du investierst ein gewisses Maß in jede dieser Energien.

Die Ausrede, die ich bei weitem am öftesten zu Ohren bekomme ist, „Ich habe keine Zeit um mich intensiv mit der Fremdsprache zu beschäftigen“.

Auf den ersten Blick erscheint uns diese Ausrede legitim. Mir ist sie jedoch schon so oft, und in so erbarmungsloser Regelmäßigkeit begegnet, dass ich mich entschlossen habe, dieser Aussage wirklich auf den Grund zu gehen. Was meinen Leute wirklich damit? Was sind wirklich die Ursachen? Wo liegt das Problem?

Soweit ich sehen kann, liegen die Ursachen von „Ich habe aber wirklich keine Zeit“, in den folgenden 4 Umständen:

FEHLENDE ODER UNPROFESSIONELLE *ZEIT- UND ALLTAGSPLANUNG*

Leute mit einem guten Zeit-, Alltags-, und Aktivitätsmanagement-System klagen, meiner Beobachtung nach, wesentlich seltener über „fehlende Zeit“.

Mittels ihres Managementsystems können sie übersichtlich und glasklar definieren was genau sie wann tun. Dadurch erreichen sie an einem Tag wesentlich mehr und es bleibt dennoch Zeit übrig für andere Dinge.

Die Lösung dieser Menschen ist: Bewusst leben! Sie sind sich bewusst, was sie wollen, was dafür getan werden muss, und wann es getan wird.

Und wenn sie mal keine Lust haben etwas zu tun, tun sie sogar dies bewusst!

PERSÖNLICHE WEITERENTWICKLUNG IST KEINE PRIORITÄT

Zuweilen rührt die berühmte Aussage ***„Ich habe keine Zeit“*** auch daher, weil deine persönliche Weiterentwicklung einen zu geringen Prioritätsrang in deinem Leben hat.

Bei weit mehr als der Hälfte aller Menschen ist Beruf & Familie oder Beruf & Partnerschaft – exakt in der Reihenfolge – an oberster Prioritätsstelle, gefolgt von… oft gar nichts.

Dein eigenes Wohlsein, deine eigene Weiterentwicklung, Weiterbildung, Gesundheit etc. sollte meiner Ansicht nach jedoch MINDESTENS an dritter Stelle stehen. Andernfalls ist auch kein Fortschritt beim Erlernen einer Fremdsprache zu erwarten.

Das Lernen von Fremdsprachen fällt in die Kategorie „persönliche Weiterentwicklung“. Vielleicht kannst du eine gute Balance zwischen den folgenden sieben Kategorien im Alltag herstellen oder halten. Oder investierst du vielleicht, auf Kosten anderer Lebensbereiche, nur in ein oder zwei der folgenden Kategorien?

- ***BERUF***
- ***FAMILIE***
- ***BEZIEHUNG/LIEBE/SEX***
- ***FREUNDE/FREIZEIT***
- ***KÖRPER/GESUNDHEIT/WELLNESS***
- ***PERSÖNLICHE WEITERENTWICKLUNG/ BEWUSSTSEINSERWEITERUNG***
- ***HOBBIES/INTERESSEN***

Ein ausgeglichenes Leben führen, läuft darauf hinaus, einigermaßen Balance zwischen diesen Kategorien zu halten, und nicht alle Energie auf ein einziges Pferd zu setzen. Denn investierst du all deine Energie in einen einzigen Bereich, wird zwangsläufig das andere zu kurz kommen.

EIN MENTALES *ZEITPROBLEM*

Wenn oft von „Zeitdruck“, „keine Zeit haben“, „wenig Zeit“ haben die Rede ist, haben wir es möglicherweise mit einem mentalen Problem zum Thema Zeit zu tun.

Leuten, die übermäßig oft mit derlei Aussagen und Gedanken hausieren gehen, empfehle ich z. B., mal einen ganzen Tag lang etwas völlig Sinnloses zu tun und auch noch Spaß daran zu haben.

Ich kenne viele, die allein bei dem Gedanken daran absichtlich Zeit zu verschwenden, verrückt werden würden. Im schlimmsten Fall sind all ihre Handlungen darauf ausgerichtet, immer etwas zu erreichen, immer etwas zu tun was logisch ist. Aber diese Denkweise führt nicht notwendigerweise immer zu Wohlbefinden.

Die Schnelllebigkeit und Konsumorientiertheit unserer Gesellschaft tut ihres dazu. Die Fähigkeit das Hier-und-Jetzt grundlos zu genießen, ist, meiner Erfahrung nach, eines der goldensten Schlüssel zum persönlichen Wohlsein.

Ein unruhiger Geist sucht stets das Glück in der Vergangenheit und der Zukunft, die ohnehin nicht existieren. Ein ruhiger, entspannter Geist entdeckt Schönheit im gegenwärtigen Moment. Glück laufend auf die Zukunft zu projizieren ist eine typisch menschliches Täuschungsmanöver. „Wenn ich endlich die richtige Beziehung habe, dann...“, „Wenn ich im Lotto gewonnen habe, dann...“, „Wenn ich aus dem Stau raus bin, dann...“, „Wenn ich die Fremdsprache wirklich brauche, dann...“. Bei derartigen Gedankengängen verliert sich oft die Schönheit des Gegenwärtigen aus den Augen.

Seminarteilnehmern, bei denen ich ein mentales Zeitproblem oder chronischen Zeitdruck bemerke, stelle ich die folgende Frage: „Hast du Zeit oder hat Zeit dich?“

Und wenn mein Gegenüber diese Frage nicht versteht, untermauere ich sie mit Beispielen: „Wenn der Fernseher DICH HAT, dann hast du keine bewusste Kontrolle darüber und sitzt den ganzen Tag lang vor dem Bildschirm. Wenn du jedoch Macht über das Fernsehen HAST, entscheidest du selbst wann du ein- und ausschaltest.

Du HAST Macht über dein Gehen und Sprechen, denn du entscheidest, wann du beginnst und wann du aufhörst zu gehen oder zu sprechen.

HAST du Aufmerksamkeit oder hat die Aufmerksamkeit DICH. D. h. deine Aufmerksamkeit wird weitestgehend von äußeren Einflüssen und Faktoren kontrolliert, anstatt durch deine bewusste Wahl.

Hast du Internet, oder hat das Internet dich?
Hast du eine Partnerschaft oder hat die Partnerschaft dich?
Und schließlich: HAST DU ZEIT ODER HAT ZEIT DICH?
Bist du ein Sklave der Zeit, oder kontrollierst du die Zeit?
Bist du reaktiv oder aktiv?

Ein mentales Zeitproblem reduziert sich, indem du bereit bist, Kontrolle über verschiedene Lebensbereiche zu übernehmen und nicht zulässt, dass sie durch Chefs, Freunde, Medien, Informationsfluten, Panikwellen, Gerüchte und Chaos kontrolliert werden.

Anstatt dich überwältigen zu lassen vom hereinstürmenden Hurrikan der Forderungen, Informationen, Verpflichtungen, Erwartungen anderer, legst du dir sachte und entspannt deine eigenen Prioritäten zurecht.

„KEINE ZEIT *HABEN" WIRD MIT „KEINE ENERGIE HABEN" VERWECHSELT*

In der vierten Variante von „keine Zeit haben", sagt jemand, dass er keine Zeit hätte, meint jedoch in Wirklichkeit, dass er nicht genügend freie Aufmerksamkeit hat.

Beispiel: Walter Soundso kommt von der Arbeit nach Hause und ist geistig völlig überladen und kaputt. Das einzige wozu er noch imstande ist, ist zum Kühlschrank zu schlendern, um Bier zu holen und den Fernseher einzuschalten, und sich... aaaah... endlich zurücklehnen. ... Der Rest erledigt sich von ganz alleine.

Nun klingelt das Telefon, ein Freund ruft an und lädt ihn zum Squash-Spielen an diesem Abend ein, aber Walter sagt „Tut mir leid, ich habe keine Zeit".

Zeit hätte er natürlich... er hat frei von der Arbeit. Was er in Wirklichkeit meint: „Ich habe keine Energie mehr."

Ob du genügend „freie Aufmerksamkeit" hast, hängt damit zusammen, ob deine Prioritäts- und Zeitplanung stimmt, ob du deine Aufmerksamkeit und mentale Energie bewusst trainierst (z. B. durch Meditation, Sport, Spiel etc.) und ob du deine Energie während der Arbeitszeit auf eine Art einteilst, die für dich gesund ist.

Du siehst, es läuft immer wieder hierauf hinaus:

Investiere täglich ein Mindestmaß an Zeit und Aufmerksamkeit in deine geliebte Fremdsprache. Es kommt nicht auf die Dinge an, die du ab und zu mal machst, sondern auf die, die du täglich machst. Diese formen dein Leben und werden deinen Erfolg formen. Und seien es nur 10 Minuten... tue täglich etwas. Mache es zu deiner Gewohnheit.

Verbinde das Nützliche mit dem Regelmäßigen

Indem du das Nützliche, z. B. Erlernen der Fremdsprache, mit dem verbindest, was du ohnehin regelmäßig tust, sparst du dir nicht nur Zeit, sondern auch zusätzliche Mühe. Außerdem verbindest du die Fremdsprache mit gewohnten, täglichen Verhaltensweisen, was die Fremdsprache selbst zu einer gewohnten täglichen Verhaltensweise macht.

Beispiele:

Gehörst du vielleicht zu den Menschen die täglich auf die Toilette gehen?

Ja?

Wohin hängst du also zu lernende Fremdsprachen-Vokabeln?

Auf die Wand vor dem Toilettensitz!

Wie viel Extra-Zeitaufwand wirst du brauchen um diese anzusehen?

Null!

Ein anderes Beispiel:

Herr Müller „muss" jede Woche beruflich 300 Kilometer mit dem Auto fahren und sagt mir deshalb, er hätte keine Zeit, um Spanisch zu lernen.

Wo sollte er am besten Spanisch lernen?

Im Auto! Anstatt in die Luft zu starren, könnte er den ganzen Weg Spanisch-CDs hören.

Verbinde die Fremdsprache mit Dingen, die du *ohnehin regelmäßig* tust. So konditionierst du dich auf professionelles und schnelles Sprachenlernen.

Verbinde das Nützliche mit dem Angenehmen

Ein weiterer Trick, um dich motiviert zu halten und das Lernen noch mehr zu beschleunigen, ist es, das Fremdsprachenlernen mit Dingen zu verknüpfen, die du ohnehin GERNE tust.

Du solltest schon nach wenigen Lern-Sessions soweit sein, dass du dich nicht mehr künstlich dazu überwinden musst zu lernen.

Wenn du dich ständig motivieren und überwinden musst, ist das Lernen noch keine Gewohnheit. Zu einer Gewohnheit musst du dich nicht überwinden. Stattdessen fehlt dir etwas, wenn du sie nicht tust.

Wenn du also gerne bestimmte Filme ansiehst, schaue sie auf Englisch an.

Wenn du im Winter gerne ins Solarium gehst, dann nehme deinen Walkman mit und höre deine Vokabeln dort.

Wenn du gerne Liebesaffären hast, dann habe diese mit jemand, der währenddessen deine Fremdsprache spricht!

Verbinde das Fremdsprachenlernen mit angenehmen Situationen, Erlebnissen, Menschen, Materialien und du wirst süchtig danach werden, die Fremdsprache zu beherrschen!

Gewohnheiten erschaffen

Solltest du die Gewohnheit erschaffen wollen, dich jeden Sonntag 2 Stunden nur auf die Fremdsprache konzentrieren zu wollen, ohne dich dabei faul oder dumm zu fühlen, dir seltsam vorzukommen oder Aufmerksamkeitsstörungen zu haben, dann ist *rituelles Verhalten* hilfreich.

Rituale, die man wiederholt, erschaffen nach und nach Gewohnheiten, die einem fehlen, wenn man sie nicht tut.

Beispiel für Ritual:

Bestimmte Zeit, bestimmter Ort, Telefon ausgesteckt, angenehme Duftlampe an, angenehme Musik an und volle Konzentration auf deine Lernmaterialien.

Wiederhole dies an 5 Sonntagen, und du wirst eine Gewohnheit erschaffen haben.

Nimm dir vor, innerhalb 1 Stunde 100 Vokabeln zu lernen. Dies ist durchaus möglich.

Die Kunst der Imitation

Dies ist für viele, die Fremdsprachen lernen, der einzige Schlüssel zum Meistern der Sprache. Wenn du ein Talent darin hast, verschiedene Dialekte, Aussprachen und Akzente zu imitieren, wirst du dich leichter tun, eine Fremdsprache zu lernen. Nur durch Imitation lernst du die richtige Aussprache deiner Fremdsprache.

Allerdings kann alleine das Üben, Nachsprechen und das Übernehmen verschiedener Dialekte und Aussprachen das „Talent“ in dir fördern.

Egal ob du in Sachsen, Bayern, Köln, Österreich, auf Sylt oder im Schwabenland bist: Übe offen oder heimlich das Imitieren dieser Aussprachen. Habe Spaß daran. Du wirst später weniger Schwierigkeiten haben, deine Mundmuskeln zu verrenken und nachzuahmen.

Die Fähigkeit zur Imitation setzt voraus, dass du gut beobachten und zuhören kannst, dich in die Mentalität eines anderen hineinversetzen kannst und Verhaltensweisen, Gesichtsbewegungen und Haltungen übernehmen und kopieren kannst.

Schauspieler haben es allesamt leichter neue Sprachen zu lernen, weil sie Verhaltensweisen, Gestik, Mimik, Klang und Körpersprache beliebig vieler Charaktere übernehmen und imitieren können.

Würdest du deine Imitationsgabe trainieren, hättest du bereits 50 % des Potentials, das nötig ist, um eine Fremdsprache perfekt zu beherrschen. Und wenn du sagst, du könntest nicht imitieren, vergiss nicht, dass es das ist, was du als Kind die ganze Zeit gemacht hast. Jede Verhaltensweise schauen wir uns von Erwachsenen ab und machen diese nach.

Wissen wo du bist und wo du hin willst

Wenn du in Berlin bist, wirst du nicht von München nach Hamburg fahren können. Zuerst musst du wissen, dass du in Berlin bist.

Bewerte zunächst, anhand der nachfolgenden Skala, wo du mit deinen Kenntnissen der Fremdsprache deiner Wahl stehst, und wo du gerne hinwillst.

10	**WELTKLASSE**
9	**PERFEKT**
8	**FLIESSEND**
7	**SEHR GUT**
6	**GUT**
5	**OK**
4	**NICHT SO GUT**
3	**SCHLECHT**
2	**SEHR SCHLECHT**
1	**KEINERLEI KENNTNISSE**

Wo siehst du dich momentan auf dieser Skala, und wo möchtest du gerne hin?

Sei dir bewusst, wo du stehst! Definiere wo du bist, definiere wo du hinwillst, und finde heraus, wie du dort hinkommst.

Hier ein paar Definitionen jeden Punktes dieser Skala:

1 KEINERLEI KENNTNISSE

Du kannst die Sprache schlicht und einfach nicht. Nicht einmal die grundsätzlichsten Begrüßungen sind dir vertraut. Der Klang der Sprache ist dir nicht vertraut.

Meistens hat man auf dieser Stufe auch keinerlei Kenntnis, von anderen Sprachen. Auf dieser Stufe kann es auch sein, dass man keine Lust auf Sprachen hat oder dass man Angst vor der Sprache hat.

2 SEHR SCHLECHT

Du kennst bruchstückhaft ein paar Sätze und Wörter aus dieser Sprache. Vielleicht warst du sogar schon mal in einem Land, wo diese Sprache gesprochen wurde. Der Klang ist dir ein wenig vertraut.

3 SCHLECHT

Vielleicht konntest du früher die Sprache besser, aber das Wissen ist verschüttet. Oder du hast die Sprache ansatzweise gelernt. Du verstehst vielleicht zwischen 100 und 500 Wörter der Sprache. Anwenden kannst du vielleicht etwa 100. Du könntest durchaus eine Cola im Restaurant bestellen oder ein Flugticket in dieser Sprache kaufen. Dein Akzent ist stark.
Du hast durchaus deine Hemmungen, das wenige was du weißt, anzuwenden.

4 NICHT SO GUT

Du verstehst einige Wörter dieser Sprache, kannst teilweise Konversationen folgen. Vielleicht verwendest du im Urlaub einige Wörter und Sätze, für das Geschäftliche würde es aber nicht ausreichen. Du kommst an den folgenden Orten in der Fremdsprache klar: Flughafen, Restaurant, Bank, Hotel, Smalltalk als Tourist.
Manchmal hat man auf dieser Stufe viel passives Vokabular – Dinge die man von früher weiß, verschüttetes Wissen, brachliegendes Potential – welches nur noch reaktiviert werden müsste, um zu Stufe 5 zu gelangen.
Unsicherheit beim Sprechen ist durchaus noch vorhanden. Unsicherheit darüber, ob ein Wort wirklich das bedeutet, was du denkst, ist hier häufig.

5 OK

Du kennst dich ein wenig in der Sprache aus. Entweder du hast sie schon mal gelernt oder warst schon länger in dem Land, wo sie gesprochen wird.
Dein Vokabularschatz liegt zwischen 1000 und 2000 Vokabeln. Teilweise kannst du in den Gegenwarts-, Vergangenheits- und in den Zukunftsformen sprechen. Du verstehst mehr als du sprechen kannst.
Es ist dir nicht mehr peinlich, ab und zu in dieser Sprache zu sprechen.

6 GUT

Du hast ein durchschnittliches Niveau in dieser Sprache erreicht. Du kannst dich mit anderen in der Sprache unterhalten.

Im beruflichen Bereich kommst du in Telefongesprächen, leichten Meetings und Einzelkonversationen einigermaßen klar. Im Urlaub kommst du problemlos zurecht. Du verstehst Songtexte, Werbetexte und dergleichen fast ohne Schwierigkeiten. Bei Filmen, Verhandlungen, Präsentationen und dgl., tust du dich jedoch noch schwer.
Deine Grammatikkenntnisse sind hier noch eher dürftig.

7 SEHR GUT

Hier sind die Grammatikkenntnisse gut. Du kannst dich auch beruflich und geschäftlich in der Sprache unterhalten. Du bist in der Lage, ohne viel Anstrengung, Bücher in dieser Sprache zu lesen. Du verstehst 80 % von Filmen in dieser Sprache. Du bist in der Lage, anderen in dieser Sprache zu helfen. Dein Vokabular-Schatz liegt bei zwischen 3000 und 6000 Vokabeln.

8 FLIESSEND

Nichteinheimische würden wahrscheinlich nicht merken, dass dies nicht deine Muttersprache ist. Dein Sprechen geschieht ohne viel nachdenken zu müssen, also fließend. Sprechen kostet dir weder Mühe oder Anstrengung, noch bist du besonders gehemmt.
Neues dazuzulernen macht dir Freude. Bücher & Filme sind kein Problem. Du bist absolut Verhandlungs- und geschäftssicher. Die Fremdsprache ist ein normaler Teil deines Lebens.
Für die meisten Ausländer genügt diese Stufe vollkommen.

9 PERFEKT

Die Sprache ist perfekt. Entweder, weil du sie sehr lange studiert hast, einige Jahre im Land gelebt hast oder weil sie deine Muttersprache ist.
Dies ist die normale Stufe von Muttersprachlern. Falls es nicht deine Muttersprache ist, dann bist du so weit gekommen, dass du nun auch subtilere Aspekte der Sprache verstehst. Allerlei Redewendungen, Doppelbedeutungen, fortgeschrittene Grammatik, Slang, eine Vielfalt von Aussprachen und Dialekte sind dir vertraut.

10 WELTKLASSE

Nicht einmal die meisten Einheimischen sprechen die Sprache „Weltklasse“, da dieses Niveau weder von Schulen, noch von den Medien oder der Wirtschaft gefordert wird. Dies ist der Bereich von Professoren der Sprache, Linguisten, Poeten, Schriftstellern u. ä.
Wie kannst du nun messen, was man braucht, um fortzuschreiten?

Nun, jede Stufe entspricht etwa 1000 bis 2000 zusätzlichen Vokabeln, Sätzen und Phrasen. Und um 1000 Vokabeln meistern zu lernen, brauchst du ungefähr eine Woche bei 8 Stunden Zeitaufwand täglich, sofern du bewusst lernst. Nun kannst du dir selbst ausrechnen, wie lange es dauern könnte, bis du die Stufe erreichst, die du dir wünschst.
Wenn das Lernen unbewusst geschieht, z. B. durch einen Aufenthalt im Land, dauert es etwas länger. Im Durchschnitt etwa 1 Monat pro Stufe.

Selbstkonditionierung

Dein Erfolg wird letztlich davon abhängen, wie gut du dich selbst konditionieren kannst. Nachfolgend ein paar weitere Methoden, um dich selbst vollkommen auf Erfolg zu programmieren.

Eine Art, dich selbst zu konditionieren, wäre es, dich tagtäglich von Materialien zu umgeben, die mit deiner Fremdsprache in Zusammenhang stehen, anstatt deine Lernmaterialien in irgendeiner Schublade zu verstecken mit der Aussage „Ja, ja – ich sehe es mir schon irgendwann an."

Wie in der Werbung, hast du überall Dinge platziert, die dich an deine Fremdsprache erinnern. Ganz gleich ob du unmittelbar damit umgehst, es bewusst anwendest oder nicht, es geht eher um den Werbeeffekt.

Beispiel:

Nehmen wir an, die Fremdsprache deiner Wahl ist Italienisch. Neben deinem Bett auf dem Nachttischchen liegt ein italienisches Buch. Auf deinem Arbeitsschreibtisch liegt der italienische Text deines momentanen Lieblingssongs. Im Badezimmer hängen deine momentanen Vokabeln. Im Auto liegt eine Lern-CD. Überall wo du hingehst: Es gibt keine Flucht vor italienisch. So ähnlich, versucht es die Werbeindustrie mit dir auch zu machen.

Eine andere Art, dich selbst zu konditionieren wäre Autosuggestion. Wenn Englisch deine Wahlsprache ist, würdest du 500.000-mal „I speak fluent English" („Ich spreche fließendes Englisch") aussprechen.

Das mag dir lustig erscheinen, ist aber kein Witz. Spreche es so oft aus, bis dein Gehirn den Befehl endlich versteht. Dein Bewusstsein wird nach und nach aufgrund dieses Befehls wahrnehmen, handeln, denken, sprechen. Das was deinem Bewusstsein am häufigsten empfohlen wird, gewinnt schließlich.

Wichtig hierbei ist, den autosuggestiven Satz nicht als Wunsch sondern als *Entscheidung* auszusprechen. Wenn du den Satz als Wunsch aussprichst, wird lediglich dein Wunsch größer. Eine Entscheidung jedoch ist eine Verpflichtung, und mit dieser Aussage frischst du die *Verpflichtung* regelmäßig auf.

Der Grund, warum die meisten Menschen sich lieber etwas wünschen, als sich dafür zu entscheiden etwas zu erreichen, ist der, dass man von einem bloßen Wunsch nicht enttäuscht werden kann. Doch hat ein bloßer Wunsch nicht die Durchschlagskraft, die eine tatsächliche Entscheidung hat.

„I speak fluent English"... 500.000-mal. Jedoch nicht dutzendemal hintereinander sondern immer wieder mal in Intervallen. Morgens nach dem Aufwachen, nachts vorm Schlafengehen, mal wenn dir nichts anderes einfällt, und vor allem in Momenten inneren Zweifels oder innerer Faulheit.

Zweifel und Faulheit sind durchaus erlaubt, es geht hier nur darum, dass du sie bewusst wahrnimmst und als solche erkennst. Nur Dinge die du kaum bemerkst, können dich beeinflussen… „Mal sehen", „Vielleicht irgendwann mal", „Eigentlich brauche ich die Sprache nicht." „Na ja, ich hoffe es." „Es ist aber so schwierig"... bemerkst du derlei Gedanken, dann ist das OK. Spreche aber dann sogleich deinen Zielsatz aus: „I speak fluent English". Spreche ihn durchaus mit der Absicht und der Selbstverständlichkeit aus.

Und wenn es mit dem Lernen wirklich nicht klappt? „I speak fluent English!" Ja, wenn es aber nach Jahren immer noch nicht klappt? „I speak fluent English!"

Ich spreche aus dem Grund von „500.000-mal aussprechen", weil dies die Art von Willenskraft versinnbildlicht, die nötig ist, um in der Fremdsprache fließend zu werden. Wenn du nicht im Land lebst oder an Dutzenden von Kursen teilnimmst, wirst du diese Art hartnäckiger Willenskraft brauchen. Diese nützt dir übrigens auch für andere Lebensbereiche.

Noch eine dritte Art, dich selbst zu konditionieren möchte ich nicht unerwähnt lassen. Diese besteht lediglich darin, dass du dir 5 Minuten täglich intensiv vorstellst, wie es ist, und wer du bist wenn du fließend die Fremdsprache sprichst. Schließe dazu die Augen und lasse der Phantasie freien Lauf. Höre, sehe, fühle WO du die Fremdsprache anwendest, mit WEM du sie anwendest, wie andere darauf reagieren, wie du dich dabei fühlst, etc. Male es dir in den besten Farben aus.

Nachdem wir nun etliche hilfreiche geistige Einstellungen angesprochen haben, können wir uns nun konkreten Werkzeugen widmen, die hilfreich für dein Abenteuer mit der Fremdsprache sind.

8. Werkzeuge, Spiele und Lernmaterialien

Wähle dir aus der nachfolgenden Liste die Werkzeuge aus, die dir gefallen und besorge sie. In einem späteren Kapitel werden wir ein Programm erstellen, in dem du definierst, wann, wie lange und wie intensiv du die Werkzeuge anwendest.

Alle der folgenden Werkzeuge sind für die Sprachen Englisch, Spanisch, Italienisch und Französisch sehr leicht zu besorgen. Bei, für Deutsche, exotischeren Sprachen wie Russisch, Japanisch, Hebräisch, Schwedisch, Arabisch u. ä., wird es etwas schwieriger alle Materialien zu besorgen. Aber auch hier lassen sich 70 % der nachfolgenden Werkzeuge finden bzw. selbst herstellen.

Eines der leichtesten Wege eine Sprache alleine zu lernen, ist es natürlich, sich für eine Weile im entsprechenden Land aufzuhalten. „Lernen" geschieht dabei von alleine, Tag für Tag, umgeben und umhüllt von der Sprache. Drei Monate sind in etwa die Grenze für eine Spracherfahrung, die man als vollständig bezeichnen könnte. Mehrere Jahre wären selbstverständlich besser. Dieses Buch richtet sich jedoch auch, und vor allem, an Menschen die momentan nicht die Möglichkeit haben, sich permanent im Land ihrer Wahlsprache aufzuhalten.

Herkömmliche autodidaktische Methoden, eine Sprache zuhause zu lernen, sind oft nur ein schwacher Abglanz der lebendigen Erfahrung der Sprache im Land selbst. Wir wollen mit unserer Einstellung und unseren Werkzeugen möglichst nah an diese lebendige Erfahrung herankommen.

Anmerkung: Dieses Kapitel enthält noch nicht dein Lernprogramm welches wir später gemeinsam erstellen. Lies zuerst das Buch durch bevor du dich entscheidest, welche Werkzeuge du nutzen willst.

DVD-Player

Dies kann zu einem deiner wichtigsten Werkzeuge werden. Das Anschauen von Filmen ist eines der natürlichsten und effektivsten Arten, bewusst und unbewusst eine Fremdsprache zu lernen.

In Filmen werden mehrere Sinne angesprochen. Geschichten finden statt, ein emotionaler Bezug wird hergestellt, und die Aufmerksamkeit fokussiert sich sehr leicht darauf.

Mit der DVD-Technologie lassen sich Filme meist in sehr vielen Sprachen mit Untertiteln in vielen verschiedenen Sprachen ansehen. Wenn du also entweder einen DVD-Player oder Video-Software auf deinem PC nicht schon hast, besorge dir das.

In Filmen kommt außerdem die tatsächliche Alltagssprache der jeweiligen Zeit voll zum Ausdruck, unverfälscht und echt. Davon sind herkömmliche Lern- oder Schulbücher Lichtjahre entfernt.

Die DVDs, die du ausleihst oder zum Download bestellst, sollten beide Sprachen (deine und die Fremdsprache) sowohl die Audio – als auch die Untertitelspur beinhalten. Dies ist meistens bei Verleih- und Kauffilmen der Fall, seltener bei Downloads.

Nehmen wir an, Englisch ist die Fremdsprache deiner Wahl.

Wenn du gerade mit Englisch beginnst und noch keinerlei Kenntnisse hast, dann stellst du die gesprochene Sprache auf Englisch ein und wählst deutsche Untertitel. Wenn deine Kenntnisse schon etwas besser sind, stellst du die Sprache auf Englisch ein und nutzt englische Untertitel. Wenn du beinahe fließend in der Sprache bist, kannst du die englischen Untertitel weglassen.

Allerdings ist die Option Englische Sprache mit englischen Untertiteln, mit Abstand, die mit dem größten Lerneffekt. Wenn du das Gesprochene auf Englisch mitlesen kannst verstehst du oft bis zu 80 % mehr als du ohne Text verstanden hättest. Dies wiederum führt dazu, dass du gewisse Vokabeln direkt aus der Handlung heraus, ohne Übersetzung, verstehst und dabei lernst.

„Mähen Äbte Heu? Nie mähen Äbte Heu. Wenn Äbte mähen, mähen Äbte Gras“.

Versuche diesem Satz jemand aus deinem Bekanntenkreis zu sagen. Keiner wird ihn verstehen! Wenn es die Person jedoch schriftlich SIEHT anstatt nur zu hören, wird sie verstehen. Dies ist der große Vorteil von Untertiteln.

Du musst deine Film-Sessions nicht zu einer Konzentrations- oder Lernübung ausarten lassen. Auch wenn du den Film nur genießt, wirst du lernen, vielleicht auch ohne dass es dir allzu bewusst ist.

Solltest du dennoch eine Lern-Session daraus machen wollen, oder die Lern-Session intensivieren wollen, kannst du folgende Variationen praktizieren:

1. Sehe dir mit jemanden den Film an, der die Fremdsprache perfekt beherrscht.
   Ein Stapel leerer Karten und ein Stift (vorzugsweise ein Marker) liegen bereit.
   Jedes Mal wenn eine Phrase oder ein Wort auftaucht, die du lernen möchtest, drückt einer von Euch den Pausenknopf. Die Phrase wird auf eines der leeren Karten abgeschrieben. Auf der Rückseite ergänzt du die Übersetzung davon.
   Nach dem Film könnt Ihr in einer Konversation oder Abfrage die Karten noch mal durchgehen, oder dein Partner fragt dich: „Wo im Film kam diese Vokabel vor?“
2. Wenn du keinen Partner hast der dir übersetzt, kannst du es alleine versuchen.
   Drücke den Pausenknopf. Gehe mit dem „Menü“-Knopf zum Menü und schalte auf deutsche Untertitel um. Spiele den Film zurück. Nun siehst du die Übersetzung und kannst sie dir abschreiben. Wechsle danach wieder zu den Untertiteln in der Fremdsprache.
3. Lernfanatiker, zu denen ich persönlich nicht gehöre, können im Internet ganze Drehbücher zu Filmen herunterladen und diese zusammen mit dem Film studieren.
   Vergiss nicht, alleine 1 Film benutzt ungefähr 2500 Vokabeln. Man könnte fast sagen, 5 Filme gründlich studiert, würden reichen um die gesamte Sprache zu lernen.
   (Allerdings erwarte ich dies nicht vom Leser, wir sprechen hier von Lernfanatiker).

Flip-Karten & Vokabular-Spiele

Auf Flip-Karten stehen Begriffe in der Fremdsprache und deren Übersetzung meistens auf der Rückseite. Diese Vokabular-Karten bekommst du für jede Sprache, die du lernen möchtest, in großen Buchhandlungen oder im Internet.

Du solltest eine beachtliche Menge solcher Flip-Karten in verschiedenen Lernstufen haben, denn mit ihnen lassen sich sehr viele Übungen und Spiele machen.

Ebenso wie vorgedruckte Flip-Karten, solltest du dir deine eigenen machen. Leere „Metaplan“-Karten findest du in jedem Schreibwarengeschäft. Besorge dir schon mal mindestens 1000 Stück, da du dir deine eigene Sammlung an Vokabeln anlegen wirst. Viele Flip-Karten werden im Rahmen der sogenannten „Kartei-Karten-Methode“ angeboten und verkauft. Du kannst die Kartei-Karten-Methode zwar anwenden, aber wir wollen diese Karteikarten auch „zweckentfremden“ und effektiver nutzen, als sie nur monoton zu wiederholen.

Erinnere dich: Wenn du diese Vokabeln in einem KONTEXT setzen kannst, lernst du sie wesentlich leichter.

Hier sind nun effektive und kreative Spiele und Übungen, die du mit Flip-Karten machen kannst.

Beschreibe es

Dieses Spiel wird alleine oder zu zweit gespielt. Wenn es zu zweit gespielt wird, hat jedes der Spielpartner einen Stapel von Flip-Karten in einer Lernstufe, die zu der des Lernenden passt.

Einer der Partner sagt nun **„Beschreibe bitte... (Beliebiges einfügen)“** und legt dem anderen danach 5 Karten vom Stapel auf den Tisch.

Beispiel für „Beschreibe es“-Aufgaben:

- „Beschreibe dieses Zimmer“
- „Beschreibe Weltereignis X“
- „Beschreibe meinen Körper“
- „Beschreibe etwas, das Präsident Bush sagen würde...“
- „Beschreibe deine alte Wohnung“
- „Beschreibe deinen letzten Urlaub“
- „Beschreibe deine Lebensziele“
- etc., etc. der Phantasie sind keinerlei Grenzen gesetzt.

Mit genau diesen 5 Karten muss der Spielpartner das Besagte beschreiben, ganz egal ob die Karten „passen“ oder nicht. Hier geht es also darum, in eigener Kreativität dafür zu sorgen, dass die Karten „passen“.

Je länger dieses Spiel gespielt wird, desto leichter und lustiger geht es dabei zu.

Wenn du dies mit dem Partner spielst, dann schenkt Euch ein Glas Wein ein und spielt eine Stunde lang. Das Vokabular wirst du sehr leicht behalten, weil es erstens angewendet wird, zweitens in einen Kontext eingebunden wird und drittens oft darüber gelacht wird.

Kommentiere es

Zu diesem Spiel ist ein weiteres Werkzeug nötig, das du ebenfalls als festen Bestandteil deiner Lernmaterialien haben solltest: Phantasievolle Bilderkarten oder Bilderbücher.

Ein Stapel von 50 bis 100 Flip-Karten oder Vokabular-Karten liegen neben einem Stapel von 50 bis 100 Bilderkarten.

Nimm eine Bilderkarte vom Stapel und lege sie offen auf.

Mit der ersten Flip-Karte, die oben aufliegt, musst du nun das entsprechende Bild kommentieren.

Gehe nun so bei jeder einzelnen Bilderkarte vor. Überspringen ist nicht erlaubt... dies trainiert deine Kreativität.

Nachdem du beide Stapel durch bist, stellst du die Flip-Karten weg und legst alle kommentierten Bilderkarten offen auf den Tisch.

Du darfst eine Karte nur entfernen wenn du dich erinnerst, mit welchem Wort oder welchem Satz du sie kommentiert hast!

Wenn deine Kommentare jedoch richtig kraftvoll, lustig oder einleuchtend waren, wirst du feststellen, dass du dich an 100 % aller Bilder richtig erinnerst!

Ich spielte dieses Spiel von Seminar zu Seminar immer wieder, und es funktionierte zum Erstaunen der Teilnehmer und zu meinem eigenen Erstaunen immer wieder. Du hast hier nicht nur 100 Vokabeln innerhalb kürzester Zeit gelernt, sondern kannst sie sogar 100 Bildern zuordnen!

Warum funktioniert dieses Spiel so gut?

Es ist, wieder einmal, der Kontext und zwar dieses Mal ein bildhafter... und noch dazu einer, den du SELBST erschaffen hast.

3 Faktoren also: 1. Satz-Kontext. 2. Bild-Kontext 3. Selbst-erschaffen.

Dieses Spiel kannst du alleine, mit einem Partner oder in der Gruppe ausüben. Wirkungsvoller ist es, wenn mehr als eine Person anwesend ist.

Errate es

Dies sind Spiele, die du mit anderen gemeinsam spielst. Für Leser, die keine Lernpartner haben, füge ich jeweils zusätzliche Ergänzungen hinzu. Dieses Spiel kannst du spielen mit Vokabeln, die dir bereits ein wenig vertraut sind.

Die Vokabeln, Sätze und Phrasen, die in dieses Spiel eingebaut wurden, behält man erfahrungsgemäß zu 80 %.

Hier sind Beispiele für die 3 Varianten dieses Ratespiels. Du kannst diese auch variieren, z. B. ohne Zeitlimit.

Jeder Spieler hat einen Stapel Karten.

Der erste hat nun 60 Sekunden Zeit die anderen Spieler eines der Karten aus seinem Stapel erraten zu lassen, darf aber die Karte weder zeigen, noch auch nur ein einziges Wort aus der Karte nennen.

In Variante eins tut er dies durch VERBALES UMSCHREIBEN.

In der zweiten Variante geschieht dies durch PANTOMIMISCHES VORFÜHREN. In der dritten Variante geschieht dies durch ZEICHNEN.

Nach 60 Sekunden ist der nächste Spieler an der Reihe.

Nach so und so vielen Runden gewinnt der, der die meisten Karten, die erraten worden sind, ablegen konnte.

In einer anderen Version des Spiels gewinnt der, der die meisten Karten erraten hat. Der, der sie errät bekommt die Karte ausgehändigt.

Mit den 3 Varianten, trainierst du 3 äußerst wichtige Fähigkeiten:

1. VERBALES UMSCHREIBEN:

Hier musst du eine andere Art finden, den Inhalt der Karte zu umschreiben. Dies ist eine wichtige Fähigkeit, die dir in deiner Kommunikation mit Einheimischen der Fremdsprache nützen wird. Denn wenn dir eine Vokabel nicht einfällt, solltest du stets dazu in der Lage sein, dasselbe anders auszudrücken und zwar so, dass es verstanden wird.

Du kannst diese Übung alleine, für dich selbst machen, indem du eine Reihe von Vokabeln nimmst, dir vorstellst jemand wäre neben dir, den du das ausdrücken möchtest, was auf der Karte steht. Du darfst aber das, was auf der Karte steht nicht sagen, sondern musst dir etwas anderes einfallen lassen.

2. PANTOMIMISCHE VORFÜHRUNG:

„Sprechen mit Händen und Füßen". Kommunikation ist mehr als Worte. Kommunikation sind auch deine Mimik, Gestik und deine Körperbewegungen.

In diesem Spiel trainierst du sie. Vor allem für Anfänger in der Fremdsprache ist es wichtig, den Mut zu haben, etwas durch Gestik und Körperbewegungen vermitteln zu können. Anfänger haben im Land der Fremdsprache oft keine andere Möglichkeit.

3. ZEICHNEN:

Auch wenn du nicht zeichnen kannst, was auch immer du auf Papier bringst, ist nützlich für alle Mitspieler.

Wie im vorherigen Spiel beschrieben, sind Bilder ein Garant für die Erinnerung an die Vokabel. Hinzu kommt, dass bei diesem Spiel die Bilder auch noch selbst erschaffen sind.

Sätze bauen

Dies wäre das Mindeste, was du an Kontext dazugeben kannst. Solltest du zu größeren Aktionen keine Lust haben, baue aus deinen Vokabular-Karten zumindest gesprochene oder geschriebene Sätze.

Ebenfalls nützlich ist es, zu einer Vokabel verschiedene Sätze zu sprechen, da sonst die Gefahr besteht, dass du dir die Vokabel nur in diesem Kontext merkst.

Geschichten bauen

Dies kannst du entweder verbal oder schriftlich machen. Wenn du mehrere Vokabeln zu einprägsamen Geschichten verketten kannst, ist dies die beste Vorgehensweise. Dies gilt nicht nur für Vokabular-Karten, sondern für zu lernendes Vokabular allgemein.

Zusammenhanglose Wörter wirst du dir nicht merken. Wörter mit Zusammenhang wirst du dir merken. Geschichten können kleine Mini-Erzählungen oder umfangreiche Handlungen sein. Sie können 5 oder 50 bis 100 Vokabeln enthalten.

Die folgenden Geschichtenthemen sprechen das Gedächtnis ganz besonders an:

- ***Action/Thriller***
- ***Liebe/Romantik***
- ***Humor/Comedy***
- ***Sex/Erotik***
- ***Science-Fiction/Fantasy***
- ***Horror/Mystery***
- ***Drama/Tragödie***

Mit anderen Worten, die Geschichten müssen nicht besonders realistisch oder alltagsnah sein um zu funktionieren.

Hier ein weiterer Trick, von mir „Overlay-Technik“ genannt:

Wenn du Vokabular, das du dir nicht gut merken kannst, mit etwas verbindest, was du dir gut merken kannst, wirst du deinen Verstand überlisten können. Er denkt, du schaffst das auch mit den Vokabeln.

Beispiel zur Anwendung der „Overlay-Technik“:

Rufe dir einen Film ins Gedächtnis an den du dich gut erinnern kannst.

Nun erzähle die Geschichte dieses Films mit den Vokabeln, die du lernen möchtest.

Anstatt den Film jedoch als außenstehender Beobachter zu beschreiben, erzählst du die Geschichte des Filmes, als wärst du der Drehbuchautor.

Viele Lernprogramme, Lernhefte und Lernbücher enthalten vorgegebene Geschichten. Wenn nicht, sind sie in den meisten Fällen nichts wert. Effektiv wird es, wenn die Geschichten unterhaltsam, neuartig oder interessant sind. Die wenigsten Lernprogramme verstehen es, unterhaltsame Geschichten zu präsentieren. Noch effektiver wird es jedoch, wenn du selbst die Geschichte schreibst! Also: Entweder du schreibst sie selbst, oder du suchst dir etwas aus, das dich wirklich interessiert.

Anmerkung: Frage nicht, wie man Geschichten schreibt, sondern nehme einfach einige Flip-Karten zur Hand und beginne. Und wenn dir nichts einfällt, dann arbeite z. B. ein Erlebnis aus deinem Leben auf. Das ist auch eine Geschichte. Oder schreibe an jemanden eine E-Mail.

Headline-Technik

Eine weitere, von mir für meine Seminare entwickelte Technik, nenne ich die „Headline-Technik“.

Bei dieser Übung schnappt sich der Lernende mehrere Zeitschriften, die ihn interessieren oder die interessante Bilder enthalten (Focus, Spiegel, GEO, Playboy, PM, Brigitte, BILD, etc.)

Nun nimmst du dir einen Stift und schreibst zu den Bildern selbst Schlagzeilen, unter Verwendung deiner zu lernenden Begriffe.

Aus den Bildern machst du eigene, vollständige Sätze, die zu den Bildern passen oder einen lustigen Eindruck ergeben.

Nach Belieben kannst du die Bilder später aufhängen.

Vokabel-Jagen

Dies ist wiederum eine Gruppenübung und macht erst ab 3 bis 6 Spielern so richtig Spaß.

Du verstreust ungefähr 100 Vokabular-Karten auf den Boden oder auf den Tisch.

Einer, der „Sprecher“, spricht nun eines der Karten immer wieder aus, bis jemand in der Gruppe die Karte findet.

Gewinner ist, wer am Ende die meisten Karten hat.

Vielleicht möchtest du dieses Spiel mit einem Gewinnpreis verlockender machen.

Zu beachten ist, dass der „Sprecher“ die Vokabel ununterbrochen und mit sanfter Stimme, immer wieder ausspricht bis sie gefunden ist.

Normalerweise nervt es, wenn man eine Vokabel dutzendemal wiederholt. In diesem Spiel jedoch überhaupt nicht, weil der scheinbare Schwerpunkt auf dem Kartensuchen liegt.

In diesem Spiel kann es sehr laut und lustig zugehen.

Q & A

Dieses Spiel nenne ich „Question and Answer“, Auch dieses Spiel trainiert die Kreativität, Schlagfertigkeit und Spontaneität.

Zwei Partner haben jeweils einen Stapel Karten.

Einer der Spielpartner stellt eine Frage, der andere antwortet. Dann stellt der zweite eine Frage und der erste antwortet, usw. Allerdings muss in der Frage UND in der Antwort eine Vokabel von den zu lernenden Flip-Karten enthalten sein!

In der leichtesten Variante, für Anfänger, dürfen die Fragen und Antworten auf Deutsch gestellt sein, nur die eingebauten Vokabeln sind in der Fremdsprache. In der mittleren Variante wird die Fremdsprache gesprochen, allerdings darf man in seinem Stapel nach Karten suchen die am besten zu einer Frage oder einer Antwort passen würden.

In der fortgeschrittenen Variante dieses Spiels, muss man in der Frage UND in der Antwort genau die Karte verwenden, die oben aufliegt.

Anmerkung: Das Spiel ist nur dann effektiv, wenn:

A. Die Fragen und Antworten einen Sinn ergeben und aufeinander bezogen sind.

B. Beide, Fragender und Antwortender, „eigene Dinge“ dazu erfinden, anstatt nur von den Karten abzulesen. Wenn die Karte also „What´s your profession“ – „Was ist dein Beruf?“ enthält, könnte der Fragende „What´s the profession of your dreams?“ – „Was ist der Beruf deiner Träume?“ fragen. Und wenn der Antwortende die Karte „branch office“ – „Zweigstelle“ hat, könnte der Antwortende „To work in the branch office of my fathers company“ – „In der Zweigstelle meines Vaters zu arbeiten“ antworten. Das Humorvolle und Kreative entsteht dadurch, wenn man immer etwas von sich selbst dazu gibt.

Wenn du dieses Spiel alleine machst, hast du einen einzigen Stapel vor dir liegen. Du stellst mit der Karte die oben aufliegt eine Frage, und gibst mit der nächsten Karte darunter die Antwort. Auch hier kannst du viel Spaß mit dir selbst haben.

Flip-Karten-Konversation

Eine gute Art, in kurzer Zeit, dutzende Vokabeln zu lernen ist es, sie in eine laufende Konversation einzubauen.

Zwei Varianten dazu:

Ihr könnt entweder solange die Konversation machen, bis alle Karten weg sind oder ihr baut im Laufe des Tages während eurer normalen Konversationen plötzlich eine Karte ein.

Ich könnte hier noch dutzende weiterer Spiele erwähnen, aber das Gesagte dürfte dir eine konkrete Vorstellung davon geben, was man mit diesen Flip-Karten alles machen kann.

Die effektivste, aber leider aufwendigste, Technik möchte ich hier noch erwähnen, Rollenspiele mit zu lernenden Vokabeln.

Du wirst in anderen Abschnitten des Buches weitere Übungen und Spiele finden, die du ebenso gut auf Flip-Karten anwenden kannst.

Die richtigen Auto-CDs

Lernkassetten und Audio-CDs, wie sie im Handel erhältlich sind, haben oft den Mangel, dass sie keine Pausen nach kurzen Sätzen beinhalten, in denen der Lernende nachsprechen kann. Manchmal geht es sogar soweit, dass der Lernende die Übersetzungen nicht direkt auf der CD gesprochen hören kann, sondern diese aus einem Textbuch herauspicken muss. Praktische Audio-CDs sind demnach folgendermaßen strukturiert:

- ***Der Begriff/Satz in der Fremdsprache***
- ***Pause genau so lang wie der Satz***
- ***Deutsche Übersetzung***
- ***Pause genau so lang***
- ***Begriff/Satz in der Fremdsprache wiederholt***
- ***Pause genau so lang wie der Satz***

Diese Abfolge erlaubt Selbstsprechen und Entspannung zum Hausgebrauch. Es spricht auch nichts dagegen, solche Programme „nebenbei“ laufen zu lassen.

Dein Gehirn nimmt auch Dinge auf, auf die es sich nicht bewusst konzentriert, sondern unbewusst. Ich selbst habe die Erfahrung gemacht, oft Wörter aus einer Fremdsprache zu können, von denen ich nicht einmal selbst wusste, dass ich sie kenne.

Später gehe ich näher auf CDs und Lernprogramme für Zuhause ein, welche empfehlenswert sind und wie man mit diesen umgehen kann.

Bleibt in diesem Abschnitt noch zu erwähnen, dass es auch CDs gibt, die auf zwei Kanälen aufgenommen sind.
Wenn du den Balance-Regler deiner Stereoanlage in der Mitte hast, dann hörst du die Fremdsprache und die deutsche Übersetzung.
Ziehst du den Regler ganz nach rechts, hörst du nur die Fremdsprache.
Ziehst du den Regler nach links, hörst du nur das Deutsche.
Dies erlaubt die „Selbstabfrage“.

Songtexte

Eine wundervolle Art einprägsam und tiefergehend die Sprache und vor allem die AUSSPRACHE zu erlernen, ist die mit Musik und Songtexten.

Wenn dir Musik gefällt, dann ist dies dein Territorium. Du findest im Internet innerhalb weniger Minuten fast jeden Musiktext, den du haben möchtest. Hier ist die Prozedur dafür:

- *Gehe zu einer Suchmaschine (z. B. Google)*
- *Tippe in das Suchfeld das Wort „Lyrics“ ein. Das Wort Lyrics bedeutet im Englischen Songtext, und die meisten internationalen Songtexte, ganz gleich in welcher Sprache, sind unter diesem Begriff einsortiert. Notfalls kannst du diesen zweiten Schritt auch weglassen und nur die nächsten ausführen.*

- *Gebe den Titel des Liedes ein zu dem du einen Text haben möchtest. Oder gebe den Namen des Interpreten ein.*
- *Klicke auf „Suchen“ oder „Search“.*
- *Sogleich tauchen mehrere Möglichkeiten auf, wo du den Songtext findest. Suche dir eine dieser Möglichkeiten aus.*
- *Sobald du den Songtext hast, drucke ihn aus.*

Durch Melodie, Geschichte und Stimme, prägen sich viele schöne Begriffe sehr schnell ein. Um deine Aussprache zu verbessern, spielst du lediglich das Lied ab, während du im Text mitliest. Wenn du dies öfter mal tust, verbessert dies automatisch deine Aussprache, weil die Aussprache über das Gehör gelernt wird.

Wenn du das Vokabular lernen willst, wirst du Übersetzungen brauchen. Hierzu benutzt du entweder ein Wörterbuch oder du gibst im Suchfeld der Suchmaschine die deutsche Übersetzung des Textes ebenfalls mit ein, in der Hoffnung, auf eine Website zu gelangen, auf der die Übersetzung steht. Bei sehr bekannten Liedern wirst du damit erfolgreich sein.

Es spricht außerdem nichts dagegen, mitzusingen oder zumindest mitzusprechen. Dinge, die du singst oder sprichst, behältst du noch besser. Wiederhole das Lied einige Male, bis der Ohrwurm nicht mehr aus deinem Geist wegzudenken ist. Auch Songtexte können eine Quelle von Vokabeln für deine selbstgeschriebenen Flip-Karten sein.

Bücher, Zeitschriften, Zeitungen, Websites

Es gibt zum einen völlig reguläre Zeitungen aus dem entsprechenden Land oder spezielle Zeitschriften für den Lernenden der Fremdsprache. Allerdings empfehle ich auch hier nur solche zu abonnieren oder zu lesen, die dich auch wirklich interessieren.

Inwiefern ich durch das Lesen lernen kann, hängt davon ab, wie interessiert ich daran bin das Thema zu verstehen.

Zum Beispiel könntest du zwar als Englischlernender die Zeitschrift „Spotlight“ lesen, die in ihren Artikeln schwierige Vokabeln unterstreicht und in Kästchen am Textrand ins Deutsche übersetzt. Der Lerneffekt wird aber nur da sein, wenn dich der Inhalt der Zeitschrift tatsächlich interessiert.

EGAL was dein spezielles Themengebiet ist, es gibt dazu sicherlich etwas in der Fremdsprache deiner Wahl. Bei exotischeren Fremdsprachen ist das Internet als Quelle hilfreich. Lesen von Zeitschriften und Büchern hat den

Vorteil, dass es aus dem jeweiligen Kontext heraus oft ersichtlich ist, was ein Wort heißen müsste. Demnach wirst du manchmal ganz ohne Übersetzung auskommen und wie ein Kind „intuitiv erraten“, was etwas heißen müsste.

Bücher, Zeitschriften und Zeitungen sind etwas für Lernende, die bereits auf Stufe 4-9 der genannten Skala sind. Im Internet gibt es sämtliche Zeitungen und Zeitschriften kostenlos.

Hier sind zwei sehr hilfreiche Methoden für die, die keine Lust haben, während des Lesens dauernd in Wörterbüchern nach Wörtern suchen zu müssen:

1. Die Doppel-Buch-Methode

Du kaufst ein Buch deines Wunsches gleich zweimal: Einmal auf Deutsch und einmal in der Fremdsprache.
Während du nun das Buch in der Fremdsprache liest, hast du es gleichzeitig auf Deutsch geöffnet und blätterst in der deutschen Version des Buches mit.
Wenn du die Übersetzung von einem Satz haben möchtest, wirfst du lediglich einen Blick in die deutsche Version des Buches.
Diese Methodik birgt einen weiteren Vorteil für dich:
Die bedeutungsgemäße Übersetzung ist in Büchern wesentlich genauer als in Wörterbüchern. Du magst vielleicht im Wörterbuch die Übersetzung für ein Wort finden, aber wer weiß, ob das Wort nicht im Kontext des Satzes eine andere Bedeutung hat?
Nutze auch diese Technik um ab und zu eigene Vokabular-Karten zu schreiben.

2. Quicktionary

Das „Quicktionary“ ist ein kleiner Scanner-Stift, welchen du auf ein Wort legst, wonach die Übersetzung des Wortes in einer kleinen LCD-Anzeige des Stiftes auftaucht.
Das im Handel erhältliche „Quicktionary“ gibt es noch nicht für exotischere Fremdsprachen sondern nur für die hierzulande üblichsten.
Es kostet etwa 70,-- €
Das Auflegen eines Stiftes über ein Wort ist wesentlich einfacher, als in einem Wörterbuch nach dem Wort zu suchen. Allerdings tritt auch hier das übliche Problem mit elektronischen Übersetzern auf:
„Richtig übersetzt“ bedeutet nicht notwendigerweise im jeweiligen Kontext bedeutungsgemäß übersetzt.
In manchen Fällen haben Wörter im Rahmen einer Redewendung oder eines Satzes eine völlig andere Bedeutung als allein stehend.

Weitere Jahre werden bessere Modelle hervorbringen, die auch diese Nuancen unterscheiden können.

Klassische Musik, Meditationsmusik, Gehirnsynchronisationsmusik

Um über die überraschenden und weitreichenden Wirkungen der klassischen Musik auf das Lernbewusstsein informiert zu werden, empfehle ich das Buch „The Mozart Effect", von Don Campbell.

Klassische Musik wird, allen voran in den USA, an Universitäten, in Krankenhäusern, in Schulen, in Psychiatrischen Anstalten seit Jahren mit großem Erfolg eingesetzt

Dem Leser sei empfohlen, ruhige Klassik während seiner Lernstunden aufzulegen. Auch als Hintergrund für Vokabular-Input-Sessions hat ruhige klassische Musik eine sehr förderliche Wirkung, die nicht zu unterschätzen ist.

In der Kindheit wurde manchen von uns beigebracht, während der Hausaufgaben keine Musik zu hören. Ich wäre als Erziehender anderer Meinung. Musik kann einen sehr motivierenden und stimulierenden Effekt auf den Lernenden haben. Nichtsdestotrotz ist wohl ruhige, harmonische Musik dem Radio, oder Musik mit Gesang oder gar Sprechgesang vorzuziehen. Die meisten innovativen Sprachschulen unserer Zeit setzen klassische und Meditationsmusik bewusst in Vokabel-Sessions ein.

Gehirnsynchronisationstöne und Musik finden Sie u.a. auf unserer Website (siehe Anhang). Diese Art von Musik als Lernbegleitung oder mit Vokabeln unterlegt, erlaubt beste Tiefenentspannung, Alpha und Delta Zustände. Wie bereits erwähnt fördern Alpha-und-Delta-Zustände die Aufnahmefähigkeit um das x-fache.

Diese Art von Musik ist nicht nur für das Lernen geeignet, da sie dich praktisch meditiert anstatt das du meditieren müsstest. Du legst die CD ein, setzt die Kopfhörer auf, und nur wenige Minuten später bist du wohlauf. Erlaube dir also durchaus während deiner Lern- oder Lese-Sessions diese Art von Musik zu hören.

Sprechen, Konversation, Kommunikation

Die einzige Methode, schwimmen zu lernen, ist ins Wasser zu gehen.

Die einzige Methode, eine Sprache sprechen zu lernen, ist die Sprache zu sprechen.

Zögere diesen Schritt nicht hinaus. Beginne bereits so früh wie möglich, auf Menschen zuzugehen und zu kommunizieren. Sage dir nicht „Erst wenn ich so-und-so-viel gelernt habe, werde ich...“, denn Kommunikation ist die schnellste Art zu lernen. Für Leser, die davor Angst oder Hemmungen haben, habe ich ein Sonderkapitel in diesem Buch geschrieben („Frei von Hemmungen“).

Gelegenheiten zur Konversation sind also mit das Wichtigste auf deiner Sprachreise. Erschaffe sie dir oder suche dir eine der folgenden Möglichkeiten aus:

Es gibt zum einen Sprachinstitute, die Telefonkonversationen und Live-Gesprächsrunden anbieten. Zum anderen gibt es im Internet unzählige fremdsprachige Chat-Möglichkeiten für Lernende. Wir selbst bieten Englisch-Coaching über Skype an.

Stammcafes, Konversationslehrer, Studenten die sich für 10 Euro die Stunde mit dir unterhalten... all das ist in Zeitungsannoncen zu finden. Rubrik: Unterricht, Sprachen, Lehren, Lernen.

Auch spricht nichts dagegen mit Freunden und Partnern zu sprechen, die besser in der Sprache sind als du. Spiele Dinge wie „Für jedes deutsche Wort, das du heute sprichst, darf ich dich zwicken.“ oder „Jedes deutsche Wort in der nächsten Stunde kostet dich 5 Euro.“

Selbstgespräche oder heimliches Nachplappern anderer ist ebenfalls hilfreich. Der Lernende hat es zu einer Gewohnheit zu machen, Dinge auszusprechen, anstatt sie nur zu denken. Lerne es, Dinge mit gewisser Kraft, Ton und Energie auszusprechen, anstatt zu nuscheln. So wirst du dich, wenn es mit der Fremdsprache soweit ist, nicht scheuen einfach darauf loszuplappern.

Manche denken in der ganzen Zeit, wenn sie lernen, nur an die Sprache. Sie sammeln viel Wissen über eine Sprache, haben aber Probleme damit, sie anzuwenden und sagen sich Dinge wie: „Jaja, irgendwann werde ich schon sprechen. Aber zuerst muss ich weitere 5000 Vokabeln lernen“.

Wenn jedoch das AUSSPRECHEN eine Gewohnheit ist, wirst du im „Ernstfall“ auch kein Problem damit haben.

Einen Lernpartner haben

Wie aus dem bisher Gesagten unschwer erkennbar ist, ist es von großem Vorteil, jemand zu haben, der dasselbe Ziel anstrebt wie du. Vorzugsweise ist dieser Lernpartner auf einer ähnlichen Lernstufe wie du und verfolgt dieselben Ziele.

Vielleicht hat dein Lernpartner auch dieses Buch gelesen und weiß über effektives Lernen Bescheid.

Selbstverständlich kannst du die ganze Reise auch alleine antreten. Dafür wirst du etwas mehr Selbst-Motivationsfähigkeit brauchen.

Wenn du einen Lernpartner haben möchtest, höre dich in deinem Freundeskreis um. Notfalls kannst du auch eine Zeitungsannonce aufgeben, in der du nach diesem Lernpartner suchst.

Erläutere deinem Lernpartner dein Ziel und deine Vorgehensweise, und frage ihn/sie ob er/sie mitmacht.

Umgang mit Lernbücher

Im Fachhandel wirst du Hunderte von Lernbüchern und Sprachprogrammen in Büchern finden. Viele von diesen sind nicht sonderlich effektiv, außer *du* machst sie effektiv.

Nachfolgend eine Reihe von Techniken, Spielen und Übungen, die du mit bereits vorhandenem Lernmaterial durchführen kannst. Es geht darum, eventuell trockenes Lernmaterial „zum Leben zu erwecken."

Wenn das Lernmaterial, welches du gekauft hast, nicht trocken ist, umso besser. Dann kannst du immer noch mehr daraus machen als im Buch vorgegeben ist.

Die folgenden Übungen funktionieren auch mit Dingen wie „Vokabular-Listen" und „Lektions-Blättern". Sie werden mit bereits vorhandenen Geschichten, Schemata, Listen, Vokabeln und Sätze gemacht.

1. Finde eine andere Art dasselbe Wort auszudrücken.

Hier gehst du z. B. eine ganze Liste von Wörtern durch und findest eine andere Art haargenau dasselbe auszudrücken.

So prägt sich das Wort nicht nur besonders gut ein, sondern trainiert deine kreative Fähigkeit etwas zu umschreiben.

2. Erstelle Flip-Karten daraus

Aus diesen Lernbüchern lassen sich viele bunte Flip-Karten erstellen.

Mit diesen Flip-Karten kannst du all jene Übungen und Spiele machen, über die im entsprechenden Kapitel die Rede war. Natürlich kannst du diese Übungen auch gleich mit den Wörtern im Buch machen.

Zur Erinnerung, die Spiele waren: „kommentierende Bilder“, „Errate das Wort durch Zeichnen“, „Errate das Wort durch Pantomime“, „Errate das Wort durch Umschreiben“, „Beschreibe mit den Wörtern bitte...“, u.v.m..

3. Eine Geschichte daraus schreiben

Du nimmst die Wörter und schreibst deine eigene Geschichte daraus.

Falls bereits eine Geschichte vorhanden ist, kannst du eine zusätzliche schreiben oder die bestehende verändern.

4. Mache ein Rollenspiel daraus

Dies kannst du alleine, mit einem Partner oder in der Gruppe vollführen.

Ein Rollenspiel kann spontan als Konversation improvisiert werden, oder professionell, etwa so:

- *Definiere ein Szenario (vielleicht ist von einer Geschichte bereits eines vorgegeben).*
- *Definiere Charaktere (vielleicht sind von der Geschichte auch bereits welche vorgegeben).*
- *Definiere wer, was, wann sagt.*
- *Mache gegebenenfalls vorbereitende Notizen.*
- *Beziehe gegebenenfalls Accessoires, Theaterausstattung, etc. mit ein.*
- *Spiele das Stück, indem du Vokabular einbaust.*

Dies ist natürlich die schnellste und effektivste Art Vokabular zu lernen. Der Grund warum es so selten angewandt wird, ist der, dass der Aufwand sehr groß zu sein scheint.

5. Dialekte und Akzente imitieren

Du kannst das Vokabular nehmen und versuchen, es in verschiedenen Dialekten und Akzenten auszusprechen.

Dies kann Spaß machen und ist gut, um die so wichtige Imitationsfähigkeit zu trainieren.

In meinen Englischseminaren lese ich Texte in allerlei Aussprachen und die Teilnehmer sprechen mir nach: Texanisch, New-York, London, Schottisch, Australisch, Pigeon-English, Französisch-Akzent, Bayrisch, Sächsisch, etc.

6. Kommunikation mit den Augen

Wenn du in einer Gruppe von Menschen arbeitest, dann ist die folgende Übung äußerst wirksam.

Ein Gruppenleiter liest, und die Gruppe spricht nach.

Allerdings sieht der Gruppenleiter beim Aussprechen dem Teilnehmer direkt in die Augen, und der Teilnehmer sieht dem Gruppenleiter beim Nachsprechen direkt in die Augen.

So geht der Gruppenleiter von Vokabel zu Vokabel und von Teilnehmer zu Teilnehmer.

Man spricht Sätze und Vokabeln „direkt ZU jemanden". So fällt es erstaunlich leicht die Aussprache zu imitieren.

Ich habe zwar keine direkte Erklärung dafür, aber Vokabular, das von „Auge zu Auge" vermittelt wurde, scheint auch fester zu „sitzen."

Eine Variation dieses Spiels ist, so zu tun, als sei das Wort, das auf den jeweiligen Teilnehmer „fällt" wie eine besondere, private Botschaft für diese Person, ähnlich einer Tarot-Karte. Dies gibt der Übung eine sehr amüsante Note.

7. Satzbau aus einzelnen Vokabeln

Wenn durch das Lehrbuch ein bestimmter Kontext vorgegeben wurde, kannst du versuchen deinen eigenen Kontext zu erschaffen. Wie das geht haben wir bereits besprochen.

8. Vokabeln und Sätze in verschiedenen Tonlagen, Betonungen und Stimmen lesen

Auch dies ist eine Übung direkt aus Rhetorik- und Kommunikationsseminaren.

Experimentiere mit verschiedenen Betonungen, Tonlagen und Stimmen, gerne auch lustige.

In je mehr Stimmen du ein Wort aussprechen kannst, auf desto mehr „Tonspuren des Gedächtnisses" speicherst du das Wort.

Sprich Vokabeln zusätzlich so aus, wie du sie im „echten Leben" aussprechen würdest.

Es ist ein Unterschied, ob du sie so alleine vor dir her nuschelst oder mit einer gewissen „Energie" sprichst.

Wie würdest du das Wort aussprechen wenn du

...mit deinem Liebhaber zusammen bist

...mit dem Chef sprichst

...mit einem Arbeitskollegen unterhältst

...du Angst hast

...du keine Angst hast

...du sauer bist

...du entspannt bist, etc.

Auch wenn solche Übungen für dich „keinen Sinn" ergeben, sie sind hilfreich. Dein Gehirn folgt bestimmten Mustern, wie man etwas zu lernen hat.

Diese Muster kennt es aus der Schule. Diesen Mustern zufolge dauert es auch eine bestimmte Zeit, bis etwas gelernt ist.

Alles was dazu dient diese Muster zu durchbrechen, diese Routine des Gehirns zu unterbrechen, dient der schnelleren Aufnahme von Vokabeln. Daher ist es hilfreich auch mal „unsinnige" Dinge mit Wörtern zu machen.

Letztlich geht es darum, selbst mit bereits bestehenden Lernsystemen und Lernbüchern kreativ zu werden, durch Veränderung des Systems oder indem du Dinge „dazu erfindest".

Lass dir selbst einige Dinge einfallen die du mit dem Vokabular machen könntest!

Spielzeug, Brettspiele & Kartenspiele

Spiel und Spaß sind dem herkömmlichen Pauken vorzuziehen. Wenn du auf das Spielen an sich konzentriert bist, anstatt auf das „Lernen", lernst du ganz von alleine, „nebenher".

Es gibt Hunderte von Brettspielen & Kartenspielen in der Sprache deiner Wahl.

Hier gilt es zu unterscheiden zwischen Spielen die aus dem Land kommen und solchen, die für Lernende gemacht wurden.

ToysRus, Internet & Sprachinstitute sind Quellen für solche Spiele.

Sprachreisen

Hiermit meine ich nicht unbedingt kostspielige Sprachkurse im Ausland, sondern sprachorientiertes, spracheffektives Reisen. Dies bedeutet mit der Absicht zu reisen, um die Sprache zu lernen, anstatt absichtslos und ziellos im fremden Land umherzuwandern.

Es bedeutet nicht notwendigerweise eine Sprachenschule im entsprechenden Land aufzusuchen, sondern bewusst zuzuhören, bewusst nachzusprechen und bewusst Fragen zu stellen.

Und wenn du schon keine Vokabeln lernst, gewinnst du doch eine Vertrautheit mit dem Klang und Rhythmus der Sprache, was an sich schon sehr hilfreich ist.

Wenn du schon Urlaub machst oder auf Reisen gehst, suche dir das Land aus, indem deine Fremdsprache gesprochen wird. Wenn z. B. Englisch deine Fremdsprache ist, hast du die folgenden Länder/Orte zur Auswahl: USA, Kanada, Schottland, Irland, England, Malta, Südafrika, Australien, Neuseeland, Hongkong, Malaysia... und im Grunde genommen jedes Land der Welt!

Über die „Mittelsprache“ lernen

Egal welche Sprache du lernst, du ersparst dir viel Mühe, wenn du über das was ich „Mittelsprache“ nenne, lernst.

Die Mittelsprache ist die direkte Übersetzung von zu lernenden Sätzen, in deine Muttersprache.

Der japanische Satz „Watashi wa nihong-ga wakari masen“ heißt in der „Mittelsprache“ „Ich Japan-Sprache verstehe nicht“.

Der englische Satz „What do you really want to achieve in your life?“ heißt in der Mittelsprache „Was tust du wirklich wollen zu erreichen in deinem Leben?“

Direkte Übersetzung erleichtert dir den Zugang zum Satzbau der Fremdsprache enorm.

Diese „Mittelsprache“ kannst du einsetzen, wenn du schriftlich oder gedanklich übersetzt. In den meisten Fällen wirst du die Mittelsprache selbst erstellen müssen, da mir kaum Lernprogramme bekannt sind, die diese enthalten.

Deutsche Lautsprache

Auch eine deutsche Phonetik ist in den seltensten Fällen irgendwo zu finden. Stattdessen enthalten z. B. Wörterbücher phonetische Symbole die nur die wenigsten kennen oder beherrschen.

Deutsche Phonetik mag seltsam oder lustig aussehen, ist aber durchaus hilfreich beim Erlernen von Aussprachen.

Beispiele:	***Unfortunately***	***Anfortschenetly***
	Concerned	***Kansörnd***
	Sono Giornalista	***Sonno Tschornalista***
	Che bellino!	***Ke bellino!***

Deutsche Lautsprache ist nur in den Anfängen des Erlernens der Sprache zu benutzen, zur Unterstützung. Nach einer Weile kannst du die Krücken wegstoßen.

Video-Kameras & Diktiergeräte

Video-Kameras und Diktiergeräte können hilfreich sein, dich selbst von außen beim Sprechen der Fremdsprache zu hören und zu sehen, um folglich besser beurteilen zu können, wie du klingst und welchen Eindruck du machst, wenn du die Fremdsprache sprichst.

- Wie ist deine Körpersprache?
- Verändert sich deine Stimme oder Haltung?
- Klingst du den einheimischen Sprechern ähnlich oder nicht?

Video-Kameras werden in den meisten Präsentations-, Rhetorik- und Kommunikations-Seminaren zur Selbstkontrolle benutzt.

Wenn du keine Videokamera besitzt, ist es nicht nötig eine zu kaufen nur um diesem Buch gerecht zu werden. Aber vielleicht hast du einen Bekannten oder Freund, der dir seine ausleiht.

Fragen, Fragen, Fragen

Dieser Punkt sollte eigentlich selbstverständlich sein, aber ich erwähne ihn hier trotzdem für Faulpelze.

Jemanden, der deiner Fremdsprache mächtig ist, in deiner Nähe zu haben, ist eine ideale Chance ihn/sie sprichwörtlich zu *melken*.

„Was heißt das?“ „Und was heißt das?“ „Und wie sagt man das?“ „Und wie würde ich eigentlich das sagen?“ Quetsche die Person aus, packe die Gelegenheit beim Schopfe.

Sind die besagten Personen davon genervt?

Das denken viele, aber folgendes ist der Fall: Leute lieben es, anderen zu helfen, anderen etwas beizubringen oder *wichtig* zu sein. Indem du der Person das Gefühl gibst, wichtig für deinen Sprachfortschritt zu sein, tust du ihm/ihr einen Gefallen.

Wenn du Dinge im Gespräch nicht verstehst und dennoch nicht Fragen willst, dann mach zumindest Notizen, die du dann später nachschlagen kannst.

Internet und PC Sprachlernprogramme

Das Internet enthält für Fremdsprachen Lernende ein schier unbegrenztes Angebot an Vokabeln, Redewendungen, Sprachübungen, Texten, Informationen, Spielen und Möglichkeiten.

Sei es eine Studentin die bei ihrem Austauschschülerprogramm alle ungewöhnlichen Vokabeln mitgeschrieben hat und nun auf ihre Website stellt, das russische Alphabet Schritt für Schritt erklärt oder ein Führer zur arabischen Aussprache, das Internet enthält *alles*.

Das Geheimnis liegt darin, die richtigen Suchwörter einzugeben und bei den Suchmaschinen „erweiterte Suche“ zu wählen, bei der du z. B. 5 verschiedene Begriffe eingibst und die Option „alle Wörter müssen im selben Text gefunden werden“ wählst.

Unterschätze das Internet nicht als Werkzeug, es ist die Weltbibliothek schlechthin. Mir ist es bisher nicht passiert, dass ich keine Informationen zu einem Thema bekommen habe, zu dem ich Informationen wollte.

Sprachlernprogramme für den PC gibt es ebenfalls wie Sand am Meer. Bevor du ein solches kaufst, solltest du es *gründlich benutzen dürfen*. Kaufe kein Produkt dass du nicht im Laden mindestens 20 Minuten lang testen kannst. Auf das Folgende sollte man bei Sprachlernprogrammen achten:

1. Es ist spielerisch. Das heißt das Programm lädt zu Spielen, Wettbewerb gegen die Software, Spaß mit Vokabeln ein.
2. Es ist bildhaft. Die Software ist voller Bilder anstatt an trockene Schulbücher zu erinnern.

3. Die richtige Stufe. Es sind mindestens 1000 Vokabeln deiner Stufe enthalten und viele dieser Vokabeln werden im Kontext von Sätzen und Phrasen präsentiert.

Es gibt durchaus lohnende Sprachlernprogramme, wenn man die Geduld hat den Markt zu sondieren.

Hier noch mal als Zusammenfassung eine Einkaufs-Checkliste

Du erstellst dein Programm selbst und weißt daher auch, welche der nachfolgenden Dinge du brauchst, und nicht brauchst.

1. Heimlernprogramme. Hierbei handelt es sich meistens um CDs und Bücher in verschiedenen Stufen. Informiere dich sowohl in Büchereien als auch im Internet über verschiedene Möglichkeiten.
2. DVD-Player bekommst du im Handel, oder als Software-Downloads. Filme bekommst du in Videotheken und bei einer Vielzahl von Online-Quellen.
3. Leere Flip-Karten bekommst du in Schreibwarengeschäften.
4. Vorgedruckte Flip-Karten bekommst du in Buchhandlungen oder über verschiedene Firmen, die im englischsprachigen Magazin SPOTLIGHT werben. Diese Zeitschrift wiederum ist am Kiosk erhältlich.
5. Bücher auf Englisch & Deutsch bekommst du im Buchhandel und im Internet.
6. Sonstige Lernmaterialien bekommst du ebenfalls in einer guten großen Buchhandlung. Sehe dich etwas um. Es wird viel angeboten.
7. Privatlehrer & Konversationspartner bekommst du aus Zeitungen und aus dem Internet. Rubriken: Unterricht, Lernen, Lehren.
8. Tickets zum Land deiner Wahl bekommst du in Reisebüros.
9. Lernpartner bekommst du aus Kleinanzeigen und Kontaktanzeigen. Hier empfehle ich, dass du die Anzeige selbst aufgibst, um deine konkreten Wünsche zu spezifizieren. Noch besser wäre es, einen Freund oder Geliebten als Lernpartner zu haben.
10. Falls es noch irgendetwas gibt, was du glaubst zu brauchen oder wissen musst bevor es losgeht, kannst du dich per E-Mail an mich, den Autor, wenden.

9. Die 2000 wichtigsten Vokabeln & Phrasen einer Sprache lernen

Die meisten Menschen haben einen Wortschatz von 900 häufig gebrauchten Vokabeln, weil sie jeden Tag dieselben Wörter benutzen.

Am besten beginnst du dein Sprach-Abenteuer damit, die 2000 häufigsten und wichtigsten Vokabeln und Phrasen der Sprache zu lernen. Das wäre der allererste große Schritt. Die 2000 gebräuchlichsten Wörter und Phrasen einer Sprache zu lernen, sind eine solide Basis auf die du aufbauen kannst.

Wenn du möchtest, kannst du etwa die Hälfte dieser Vokabeln einzeln lernen, aber mindestens die andere Hälfte solltest du in ganzen Sätzen und Phrasen lernen. Das heißt, du solltest am Ende deines ersten Meilensteins 1000 volle Sätze beherrschen. Und wenn du 1000 Sätze wirklich kannst, wie viele kannst du, wenn du diese Sätze variierst? Mindestens 20 000!

Warum spreche ich ausgerechnet von 2000 Vokabeln? Weil der normale, tagtägliche Sprachgebrauch immer wieder von denselben Wörtern Gebrauch macht. Und von diesen immer wiederkehrenden Wörtern gibt es in jeder Sprache nun mal ca. 2000, in manchen Sprachen sogar weniger. Wenn du also 2000 Vokabeln meisterst, wirst du viele Gespräche verstehen und bei einigen sogar mitreden können.

Was ist aber nun, wenn du bereits 2000 Vokabeln oder mehr beherrschst?

Dann machst du ganz einfach mit den „nächsten 2000" weiter. Egal wo du mit deinen Kenntnissen stehst. Ein großer Schritt ist getan, wenn du 2000 weitere Vokabeln gelernt hast. Auf unserer Skala gleicht dies 1 bis zwei Punkte nach oben. Das Wissen um die 2000er-Sprünge, erlaubt dir, deinen Erfolg genau zu *messen*.

Das Lernmaterial, welches du besorgst, ist hauptsächlich darauf angelegt, diese zusätzlichen 2000 Vokabeln zu lernen. Wo du Vokabeln & Sätze herbekommst, haben wir bereits besprochen: Direkt aus Lernprogrammen, Flip-Karten, aus Filmen, Büchern, Gesprächen, usw.

Zähle die Vokabeln, die du lernst, bewusst mit. Wisse ganz genau wann die 2000er Grenze erreicht ist, und du sagen kannst: „Ich kann 2000 Vokabeln mehr!" Ein Tipp: Lege dir deine eigene (selbst geschriebene) Kartensammlung an, und lasse sie auf 2000 Stück anwachsen.

Mit „2000 Vokabeln lernen“ meine ich natürlich, sie so zu lernen, dass sie anwendbar und im Gespräch abrufbar sind. Es macht durchaus einen Unterschied, ob du 2000 Vokabeln übersetzen kannst, wenn du sie siehst, oder ob du sie auch in realen Lebenssituationen einsetzen kannst.

Der erste Schritt ist, die Vokabeln zu kennen und übersetzen zu können. Dies ist ein lobenswerter und großer Schritt. Der nächste Schritt wäre es, sie ein paar Mal zur Anwendung kommen zu lassen. Dann erst kannst du davon sprechen 2000 Vokabeln *gelernt* zu haben. Außerdem ist jedem zu empfehlen, diese 2000 zu einem späteren Zeitpunkt noch mal zu wiederholen, indem du sie überfliegst oder anwendest.

Für den Einfaltspinsel gibt es entweder nur ein „Ich kann das Wort“ oder „Ich kann es nicht“. Wenn du jedoch schon einige Erfahrung mit Sprachenlernen hast, wirst du schnell bemerken, dass es verschiedene Stufen des „Könnens“ oder „Behaltens“ gibt.

Hier ist ein Beispiel, wie diese Stufen aussehen könnten:

1 = *Ich kann das Wort überhaupt nicht, weil ich es noch nie gesehen, gehört oder gelernt habe.*
2 = *Ich habe das Wort schon mal gesehen oder gehört, aber ich weiß nicht was es heißt.*
3 = *Ich konnte das Wort einmal und erinnere mich daran, dass ich es konnte, momentan kann ich mich aber nicht daran erinnern, was es bedeutet.*
4 = *Wenn ich das Wort im Zusammenhang höre, verstehe ich es, ansonsten nicht.*
5 = *Das Wort ist in meinem „Passivwortschatz“. Wenn ich länger darüber nachdenke, fällt mir wieder ein, was es heißt.*
6 = *Ich kenne das Wort und weiß was es heißt, benutze es aber nie. Vielleicht ist die Aussprache zu schwierig, oder der grammatikalische Zusammenhang ist unbekannt.*
7 = *Ich kenne das Wort, weiß was es heißt und kann es benutzen. Trotzdem ist die Erinnerung daran noch etwas vage und unsicher. Vielleicht vergesse ich es irgendwann.*
8 = *Das Wort ist mir vertraut. Ich benutze es öfter.*
9 = *Das Wort sitzt wie eine Eins. Ich werde es auch nicht wieder vergessen.*
10 = *Dies ist eines meiner absoluten Lieblingswörter.*

Ich empfehle jedem Sprachenlernenden, seltener die Aussage „ich kann nicht..." zu benutzen und öfter „ich kann ein bisschen" zu sagen. Dies mag ungewöhnlich erscheinen, hat jedoch einen völlig anderen psychologischen Effekt als dauernd in einem Meer von „ich kann nicht" zu baden. Wie du anhand der Liste gesehen hast, ist „ich kann ein bisschen" auch wahrscheinlicher als „ich kann nicht".

2000 Vokabeln!

Und wenn dieses Ziel erreicht ist, dann werden die nächsten 2000 Vokabeln einfacher zu lernen sein als die ersten 2000. Inzwischen weißt du nämlich, wie es funktioniert und vor allem, wie du selbst funktionierst, was das Lernen angeht.

Es ist wichtig, dass du lernst wie du dir persönlich Dinge merkst und aufnimmst und was deine persönliche Lieblingsmethode ist. Einem Privatlehrer oder Konversationslehrer solltest du auf deine Lieblingsmethode aufmerksam machen, weil du inzwischen besser weißt, wie du lernst.

Höre also nach 2000 Vokabeln keinesfalls auf, sondern mache weiter! Das schöne ist, dass es mit der Übung zunehmend leichter wird.

Das Überraschende wird jedoch folgendes sein: Die Entdeckung, je tiefer du dich mit der Sprache auseinandersetzt, desto mehr scheint es zu geben, was du nicht kannst.

Lass dich von der Tiefe dieses scheinbar endlosen Abgrunds nicht erschrecken. In Wirklichkeit wäre es möglich, Millionen von Vokabeln einer Fremdsprache zu lernen, aber das ist für die Kommunikation im Alltag und Beruf nicht nötig.

Nachdem du die 2000 Grundvokabeln, die täglich fallen, gelernt hast, möchtest du dir vielleicht die 2000 Grundvokabeln der Geschäfts- und Businesswelt aneignen. Danach möchtest du vielleicht Vokabeln deines besonderen Interessengebietes lernen, sei dies Tiefseetauchen, Modelleisenbahnbau, Astrologie, Politik oder sonst etwas. Gehe auf jeden Fall Stück für Stück vor… in kleinen, verdaubaren 2000er Schritten. Feile weiterhin an der Anwendung der frisch gelernten Vokabeln.

Nach einigen tausend Vokabeln, solltest du spätestens mal das entsprechende Land aufgesucht haben, um dich mit dem tatsächlichen Niveau deines Könnens auseinander zu setzen. Es wäre unklug von dir, erst mal 10 000 Vokabeln zu lernen und dann erst in das Land zu reisen, wo die Fremdsprache gesprochen wird. Möglicherweise würdest du feststellen, dass einiges anders ausgesprochen wird, als du es dir eingeprägt hast oder dass du dich auf die falschen Vokabeln konzentriert hast. Daher: Kleine Häppchen, dann austesten, dann wieder kleine Häppchen, dann austesten, etc.

Die 2000 meist verwendeten Vokabeln sind in den meisten Sprachen dieselben – außer, du lernst die Sprache der Eskimos, der Aborigines, Latein oder ähnlich Exotisches – und umfassen die folgenden Themengebiete:

1. *Begrüßungen, Verabschiedungen, Treffen, Floskeln*
   Beispiele für Vokabeln: „Wie geht es?“ „Schön, Sie kennen zu lernen.“ „Auf Wiedersehen.“

2. *Tourismus, Wegbeschreibungen, Verkehr, Flughafen, Autos, Busse, Züge*
   „Die nächste Straße rechts.“ „Ein Hin- und Rückflugticket.“

3. *Hotel, Restaurant, Cafes, Nachtclubs, Discos*
   „Ein Doppelzimmer bitte.“ „Ich möchte ein Glas Wein.“

4. *Sport, Freizeit, Hobby*
   „Was für Sport treibst du?“ „Wie ist der Punktestand?“

5. *Flirt, Liebe, Sex*
   „Er hat sie verführt.“ „Ich bin in dich verliebt.“

6. *Beruf, Geschäft, Business, Wirtschaft*
   „Was ist Ihr Fachgebiet?“ „Wie viel Umsatz machen Sie?“

7. *Computer, Elektronik, Medien, Fernsehen, Kino, Zeitungen*
   „Ich habe die Datei gespeichert.“ „Was läuft im Kino?“

8. *Bank, Geld, Börse*
   „Ich möchte Währung umtauschen.“ „Die Aktien steigen.“

9. *Wetter*
   „Es wird morgen regnen.“ „Wie viel Grad hat es?“

10. *Familie, Freunde, Verwandte*
    „Meine Schwiegertochter besucht uns morgen.“ „Das sind meine Verwandten.“

11. *Einkaufen, Mode, Lifestyle*
    „Ich habe Größe 38.“ „Ich brauche noch Schinken.“

12. *Gesundheit, Arztbesuch, Krankenhaus, Wellness*
    „Sind Sie krankenversichert?“ „Sie hat abgenommen.“

13. *Religion, Philosophie, Spiritualität*
„Glaubst du an Leben nach dem Tod?" „Kennst du dieses Buch?"

14. *Politik*
„Er wurde letztes Jahr ins Amt gewählt." „Das ist der Botschafter."

15. *Wissenschaft, Ausbildung, Studium*
„Er studierte Mathematik." „Das kenne ich aus der Physik."

16. *Behördengänge, Ämter, Formulare*
„Haben Sie die Dokumente dabei?" „Ich brauche eine Aufenthaltsgenehmigung."

17. *Sonstiges*
„Fällt dir sonst noch etwas ein?" „Was gibt es denn noch so?"

Falls du also nach einem Themenleitfaden suchst, das hier ist die Liste der meistgebrauchten Themen.

2000 Vokabeln können erfahrungsgemäß innerhalb von 30 Tagen gelernt werden. Wenn du täglich 67 Vokabeln lernst, hättest du innerhalb von 30 Tagen 2000. Wenn du bei voller Aufmerksamkeit bist, kannst du jedoch schon innerhalb von 2 Stunden 67 Vokabeln lernen! Mit der richtigen Aufmerksamkeit und Technik, wärst du also wesentlich schneller. Der Buchtitel „In 30 Tagen eine Fremdsprache lernen" ist nicht utopisch sondern sehr realistisch.

In den „Extra"- Abschnitten des Buches habe ich Vokabellisten aus dem Englischen, Italienischen und Spanischen eingebaut. Wenn eines dieser Sprachen die Fremdsprache deiner Wahl ist, kannst du mit diesen Vokabeln beginnen. Du wirst merken, wie schnell du lernen kannst.

Ich selbst lerne übrigens selten ganze Sprachen, sondern die wichtigsten Grußformeln und Phrasen fast *jeder* Sprache. Die überraschten Blicke vieler Menschen weltweit, sind es mir persönlich wert so vorzugehen. Ich beherrsche etwa 50 Sprachen zu 5 %☺.

10. Frei von Hemmungen

Kleine Kinder haben, wenn sie ihre „Fremdsprache“, die Muttersprache sprechen, keinerlei „Sprachhemmungen“. Sie wissen nicht einmal, was das ist.

Im Kontrast dazu: Fast *jeder* deutsche Sprachenlernende, den ich in den letzten 8 Jahren begegnet bin, hat Hemmungen zu sprechen, sich zu artikulieren und mit Fremden zu kommunizieren. Bei manchen ist diese Barriere leicht, bei anderen ungewöhnlich stark ausgeprägt. Die Ursache dieses Unwohlseins hat mehrere und verschiedene Ursachen. Solche könnten sein:

- Die *natürliche Angst* vor Neuem, vor allem, vor neuen Verhaltensweisen, unbekannten Gebieten und ungewohnten Situationen.
- Jemand der in seinem bisherigen Leben oder anderen Lebensbereichen gewohnt ist *„gut da zustehen“* oder immer *„einen guten Eindruck macht“*, wird um so größere Angst davor haben, nun mit seiner frisch gelernten Fremdsprache, einen vielleicht nicht so guten Eindruck zu machen, wie er es von sich selbst gewohnt ist und erwartet.
- In diese Kategorie fallen oft sogenannte „Erfolgsmenschen“, die nur unter einem enormen Druck und Stress zu ihrem Erfolg gekommen sind. Meine Definition von „Erfolgsmensch“ ist dies nicht.
- Unter diese Kategorie fallen auch Menschen, von denen sehr viel erwartet wird, sei es im Beruf, in der Familie oder von anderen Personenkreisen.
- Eine *anerzogene und angelernte Zurückhaltung, Schüchternheit und Introvertiertheit* oder eine angelernte/anerzogene Skepsis gegenüber anderen Menschen, Kulturen und Sprachen kann eine große Barriere in der fremdsprachlichen Kommunikation mit anderen darstellen.
- Menschen, die *sich einbilden lernunfähig, untalentiert, „zu alt“, etc. zu sein.* Menschen, die noch nie ihren eigenen Schatten übersprungen haben.
- Jemand der zu *starke Erwartungen an sich selbst* und andere hat, kann sich schnell in einer Situation wiederfinden, wo er sich verlegen oder unter Druck fühlt.

Sicherlich gibt es auch andere Kategorien, aber die genannten sind die, denen ich in meiner Laufbahn am meisten begegnet bin.

Wenn du zu den 95 % der Sprachenlernenden gehörst, die emotionale oder mentale Barrieren haben, wenn es darum geht in der Fremdsprache zu kommunizieren, sei dir bitte gewiss: Es ist vollkommen in Ordnung dass du dich so fühlst! Dir selbst gegenüber tolerant und verständnisvoll zu sein ist der erste Schritt zur Besserung von Blockaden.

Mir sind überraschend viele Menschen begegnet, die so tun, als sei dieses Thema ihr eigenes *exklusives* Problem: „Also ICH habe da folgendes spezielle Problem, nämlich..." Denen sollte bewusst werden, dass fast jede andere Person hin und wieder dasselbe mulmige Gefühl beim Sprachenlernen hat.

Macht es dies zu einer normalen Sache? Nein.

Nur, weil fast jeder diese Hemmungsgefühle verspürt, macht es das nicht „normal", im Sinne dessen, dass man damit leben müsste, weil es nicht anders ginge.

Normal ist das, was ursprünglich ist, das, was du als Kind gemacht hast, bevor dir Dinge einprogrammiert und anerzogen wurden. Als normal empfinde ich, sich über eigene Fehler zu amüsieren, über sich selbst lachen zu können, Sprachunfähigkeiten als Lernchance zu benutzen, um es das nächste Mal besser zu machen.

In diesem Sinne betrachte ich als unnormal, bei eigenen Fehlern im Erdboden zu versinken, sich vollkommen anzuspannen bis einem fast schlecht wird und dann vielleicht sogar ganz und gar mit der Fremdsprache aufzugeben. Der Leser wird schmunzeln, aber ich habe es durchaus schon mal bei Lernenden erlebt.

Sei also eher darauf aus, deine Fehler mit einem liebevollen Lächeln zu betrachten. An Fehlern ist nichts peinlich. Peinlich wäre eher die Tatsache, wenn es dir peinlich ist. „Fehler machen" wurde in der Schule als etwas „Schlechtes" bewertet. Wir jedoch bewerten Fehler folgendermaßen:

Etwas Neues zu lernen und seinen Horizont zu erweitern, setzt voraus etwas nicht zu können. Somit ist jeder Fehler eine Chance weiterzukommen.

Vielleicht denkst du von anderen Menschen, sie würden von dir Fehlerfreiheit und Perfektion erwarten. Weit gefehlt!

Was Menschen in Wirklichkeit wollen sind Dinge wie:

- *AUFMERKSAMKEIT*
- *RESPEKT*
- *ZUHÖREN*

- *ANERKENNUNG*
- *WERTSCHÄTZUNG*

Wenn du diese Dinge geben und bieten kannst, wird deine Kommunikation in den meisten Fällen exzellent verlaufen, ganz unabhängig von deinen Wörtern.
Kommunikation ist mehr als Vokabular und Sätze. Ob eine Kommunikation für beide Seiten wohltuend ist, hängt stark von den obigen Faktoren, von deiner Stimmungslage und der „Chemie zwischen den Personen" ab.

In welcher Stimmung, mit welcher Absicht du sprichst, beeinflusst wiederum

- *KÖRPERSPRACHE*
- *AUGEN*
- *STIMME*
- *GESTIK*
- *MIMIK*
- *BEFINDEN*
- *GEISTESZUSTAND*

Kommunikation ist mehr als Worte.

Ich kenne Deutsche, die sprechen perfektes Englisch, haben aber nach wie vor weder Charisma noch Ausstrahlung. Ich kenne Deutsche, die sprechen sehr schlechtes Englisch, haben aber so viel Charisma, dass dies ihre geringen Kenntnisse wieder ausgleicht.

Dein Ziel ist es natürlich Ausstrahlung zu haben („ganz du selbst zu sein") UND gut deine Fremdsprache zu sprechen. Aber bis es soweit ist, ist es wichtig für dich zu wissen, dass wohltuende Kommunikation durch andere Faktoren bedingt ist.

Aus meinem Beruf kenne ich Hunderte sehr erfolgreiche Menschen und sogar Prominente, die zwar kein gutes Englisch sprechen, aber keiner würde es wagen sich über sie lustig zu machen. Sie strahlen etwas Respekteinflößendes oder Interessantes aus.

Was für einen Unterschied macht es, wenn du einem Ausländer begegnest, der sich abweisend verhält weil sein Deutsch schlecht ist und der sich freundlich verhält und versucht Kontakt aufzunehmen obwohl sein Deutsch schlecht ist?

Sicherlich kennst du Tage, an dem du morgens aufwachst und dich energielos, fühlst. An solchen Tagen kannst du sprechen und sagen was du willst...irgendwie scheinen deine Worte nicht anzukommen. Auch wenn du noch so intelligent sprichst...wer hört dir zu?

Andererseits, kennst du auch Tage, an dem du morgens voller Energie und Tatendrang aufwachst. An solchen Tagen ist es fast egal, was du sagst... fast alles kommt irgendwie an. Menschen hören dir gerne zu, sehen dich gerne an.

Dies ist der Unterschied zwischen Charisma haben und kein Charisma haben. Wie steigerst du also dein Charisma und deine Präsenz in der Kommunikation? Hier einige Verhaltensweisen für angehende Kommunikationsprofis:

KÖRPERHALTUNG

Es stimmt, wenn du dein Innenleben (Emotionen, Einstellungen, Absichten) änderst, sich auch dein Außenleben (z. B. Körperhaltung) ändert.

Durch eine Veränderung der Stimmung verändert sich also auch deine Körperhaltung. Erstaunlicherweise funktioniert dies jedoch auch umgekehrt! Wenn du deine Körperhaltung veränderst, verändert sich automatisch deine Stimmung mit!

Probiere dies bewusst und absichtlich in der Kommunikation mit anderen aus. Wenn du dich etwas unwohl, gehemmt oder abwesend fühlst, nimm eine andere Körperhaltung ein. Stehe aufrechter, öffne deine Augen weiter, etc.

SYMPATHIE PROJIZIEREN

Finde an deinem Gegenüber etwas, das dir sympathisch ist. Widme viel Interesse wenn dein Gegenüber spricht. Dies wird sich automatisch auf deine Ausstrahlung auswirken.

Anstatt also Aufmerksamkeit zu wollen und zu fordern, schenke Aufmerksamkeit.

Das ist es im Grunde, was jeder möchte, sei es ein Kind oder Erwachsener. Es geht stets um Aufmerksamkeit.

Wenn du genügend davon geben kannst, wird die Kommunikation gut laufen, ganz egal, welche Situation besteht oder welche Sprache gesprochen wird.

Nun besteht ein großer Unterschied darin, ob du mit deiner Aufmerksamkeit mit dir selbst beschäftigt, also introvertiert bist, oder mit der vollen Aufmerksamkeit bei deinem Gegenüber, also extrovertiert, bist.

Bist du übermäßig mit dir selbst beschäftigt, entsteht Verlegenheit („Was mache ICH für einen Eindruck? Wie stehe ICH da? Hoffentlich fallen MIR auch die richtigen Vokabeln ein. Oh je, ist MEINE Satzstellung jetzt richtig?")

Ist deine Aufmerksamkeit mehr bei der anderen Person, entstehen Spontaneität und Entspannung.

Solltest du mal verlegen sein und nicht mehr verlegen sein wollen, vergiss einfach einige Augenblicke dich selbst, und beschäftige dich mit deinem Gegenüber. Nimm die Person intensiver wahr als dich selbst. Damit verschwinden auch Verlegenheit, Hemmung und übermäßiges Grübeln.

Dein Charisma steigert sich mit der Übung dieser Verhaltensweise:

ENTSPANNUNG

In einem entspannten Geisteszustand ist deine Stimme schöner, deine Worte klarer, deine Betonung gezielter. Im alltäglichen Gespräch erreichst du dies, indem du die Anspannung deiner Muskeln im Körper bemerkst, dann entspannst oder loslässt. Was du jedoch nicht bemerkst, kannst du auch nicht entspannen, oder anders gesagt: was du nicht „hast" kannst du nicht loslassen. Außerdem kannst du mit der tiefen Bauchatmung während des Gesprächs experimentieren.

Um jede Art von Hemmung aufzuarbeiten, wiederholst du einige Male die folgende Übung:

- Versetze dich 5 Minuten lang in die schlimmsten und furchterregendsten Szenarien der Sprachhemmung und Peinlichkeit, bis du es im ganzen Körper spüren kannst.
- Versetze dich 5 Minuten lang in den „Idealzustand", den du gerne haben möchtest, wenn du in deiner Fremdsprache kommunizierst.

So einfach funktioniert es. Das heißt, du schließt die Augen und suhlst dich in Erinnerungen, Phantasien und Gefühlen, die dir zum Thema unangenehm sind.

Du lässt die Energie praktisch in deinem Körper aufsteigen, lässt sie durch, anstatt dich gegen sie zu wehren. Wenn du sie richtig durchlässt, wird sie *nicht wieder auftauchen.* Danach richtest du die volle Konzentration auf dein Ideal und phantasierst angenehmes zum Thema, bis du sogar im Körper dazu Empfindungen wahrnimmst. Wiederhole diese Meditation im Laufe der Wochen einige Male.

Wenn du im „echten Leben" eine Situation hast in der diese Gefühle zutage treten, dann hast du eine gute Erinnerungsspur, mit der du in der nächsten Meditation arbeiten kannst. Welche Bilder du dabei hochsteigen lässt, ob Erinnerung oder Phantasie, ist weniger wichtig. Wichtig ist, dass du im Körper die Hemmung oder Blockade spürst und zulässt, während du mit Toleranz beobachtest.

Die Blockade kann sich im Bauch, in der Brust, im Hals, im Kopf oder anderswo befinden. Es geht darum, sie zu bemerken, mit ihr 5 Minuten lang zu verweilen, mit ihr zu atmen, sie „größer" werden zu lassen, sie *sein* zu lassen. Spende Aufmerksamkeit anstatt Abwehr.

Gleich danach versetzt du dich in extrem angenehme Gedankenbilder oder Gedanken daran, was du gerne *stattdessen* erleben möchtest, solange, bis die Aufmerksamkeit vollkommen vom Unangenehmen abgezogen ist, und du in angenehmen Gedankenbildern und/oder Gefühlen schwelgst.

Nach einiger Übung mit dieser Meditation, wirst du merken, dass das „Hemmungsgefühl" stark abgeschwächt ist oder gar nicht mehr auftaucht.

Im Allgemeinen gilt zu sagen, dass du dich nicht vor Situationen scheuen solltest, in denen diese Gefühle auftauchen könnten. Konfrontiere dich direkt mit ihnen.

Wenn du in einer Gesprächsrunde bist, in der deine Fremdsprache gesprochen wird, warte nicht darauf, dass jemand anders die Gesprächsinitiative ergreift, sondern ergreife sie selbst! Gehe direkt auf Kollegen zu und spreche sie in der Fremdsprache an, statt darauf zu warten angesprochen zu werden. Anstatt WEG vom „Problem" kommen zu wollen, gehe direkt HIN ZUM Problem. So bewältigst du die Angst davor.

Als ich das erste Mal zum Bungeejumping gegangen bin, zitterten mir die Knie. Ich hatte Todesangst. Doch je öfter ich mich damit konfrontierte, desto mehr flachte die Angst ab. Beim 4. Mal schließlich, machte es Spaß. Und beim 10. Mal wurde es übrigens langweilig. Was mir Todesangst bereitet hatte, langweilte mich inzwischen!

AUTHENTIZITÄT

Authentizität wird Verlegenheit, Blockade und Hemmung sehr schnell auflösen. Das bedeutet, anstatt etwas zu vertuschen, zu verheimlichen oder sich zu verstellen, ganz einfach so zu sein, wie man eben momentan ist und dazu zu stehen wie man beispielsweise spricht.

Hier bin ich und so spreche ich nun mal die Sprache. Hat es jeder gehört? So spreche ich. Ich vertusche es nicht. Du stehst dazu, anstatt zu versuchen etwas anderes vorzugaukeln als du bist. Sobald du dich versteckst, schämst du dich dafür, und es wird auf peinliche Weise früher oder später ans Tageslicht kommen.

Verstelle dich nicht, sei du selbst, hier und jetzt, jederzeit. Alles andere ist unnötige Energieverschwendung.

WIE DU AUSLÄNDER SIEHST, DIE MIT DIR DEUTSCH ALS FREMDSPRACHE SPRECHEN, SO WIRD MAN DICH SEHEN.

Hier tauchen wir in Bereiche der freudschen Projektions-Psychologie ab. Jemand spricht mit dir gebrochenes Deutsch. Wenn du denkst „So ein Idiot. Wie peinlich. Der sollte zuerst die Sprache lernen, ehe er so mit mir spricht“, produziert im eigenen Bewusstsein eine Art Reflektor, der wie ein Bumerang zurückschlagen wird.

Wenn du darauf programmiert bist zu glauben, dass es peinlich ist so zu sprechen, dann wirst du dich denselben Regeln unterordnen mit denen du andere bewertet hast, bewusst oder unbewusst.

Wenn beim Sprechen in der Fremdsprache plötzlich ein mulmiges Gefühl, ein „Blackout“ oder eine andere Hemmung auftaucht, achte sehr bewusst und genau darauf. Prüfe auf welches der eben genannten Punkte es zurückzuführen ist. Wenn dir der Ursprung einer Hemmung bekannt und bewusst ist, ist es viel leichter damit umzugehen. Du hast dieses Kapitel gelesen, und kannst sagen „Ja! Genau das ist es! Darauf ist es zurückzuführen.“ Schon alleine in der Lage zu sein, etwas Unbekanntes in etwas Bekanntes oder Etikettierbares verwandeln zu können, nimmt den Schrecken aus einer Sache.

11. Ein Lernprogramm selbst erstellen

Trage zunächst in deinen Terminplaner die folgenden Informationen ein:

1. **Wann** willst du dein Ziel von 2000 Vokabeln & Phrasen erreicht haben? Du trägst ein Datum ein, an dem das Ziel erreicht sein soll. Da du nun in etwa weißt, wie viel Zeit und Aufwand du investieren musst um 2000 Vokabeln zu lernen, und du dir im Klaren darüber bist, wie viel Zeit und Aufwand du überhaupt investieren willst, trage ein für dich realistisches Datum ein. Dies kann in einem Jahr sein, in 5 Monaten, in einem Monat oder in 2 Wochen. Du entscheidest.
2. Trage nun die „**Schritte** zu diesem Ziel“ in deinen Terminplaner ein, also die jeweiligen Tage an denen du eine „Sprachsession“ einbaust. Trage auch ein, wie viele Stunden du dich an jenem Tag mit der Sprache beschäftigen wirst. Die Stunden können variieren. Wenn du es dann an einem der Tage doch nicht schaffst, stelle sicher, dass die verlorenen Stunden anderswo eingetragen werden. Wie viele Vokabeln kannst du in einer Stunde lernen? Bestimme du diese Zahl. Ich behaupte du kannst 50 lernen. Wenn du denkst es sei mehr oder weniger, ist das OK.
3. **Prüfe** nun bitte, ob die Stunden, die du bis zu deinem Ziel eingetragen hast, ausreichen, um das Ziel von 2000 Vokabeln zu erreichen. Dazu kannst du als Hilfe gegebenenfalls zu jedem „Schritt zum Ziel“ neben den Stunden auch die Anzahl der Vokabeln eintragen, die du gedenkst in dieser Zeit zu lernen. Falls die Schritte nicht mit dem Ziel übereinstimmen (zu viel oder zu wenig), nimm Änderungen vor, bis Schritte und Ziel übereinstimmen.
4. Und nun bau mindestens 3 bis 5 **Sprech- oder Konversationstage** dazu. Dies sind Tage, in denen dir ausschließlich erlaubt ist, in der Fremdsprache zu sprechen! Diese baust du zusätzlich zu deinem bereits bestehenden Plan dazu. Dies mag dir zwar zunächst unangenehm erscheinen, aber das ganze Lernen nützt nichts, wenn die Sprache nie gesprochen wird. Vergiss nicht, dass du an diesen Tagen so tust, als existiere Deutsch nicht. Du musst dich mit Händen, Füßen und der Fremdsprache ausdrücken oder schweigen, eine andere Alternative gibt es nicht. Informiere gegebenenfalls Bekannte vorher, damit sie nicht von deinem Schweigen oder deiner Fremdsprache überrascht werden. Selbstverständlich musst du an diesen Tagen an Orten sein, an denen du mit vielen Menschen sprichst (im Ausland, Beruf, Familie, Freunde, etc.)

Was du konkret in deinen Lern-Sitzungen tust, bleibt dir überlassen. Um dir jedoch ein Gefühl dafür zu geben, wie ein Programm aussehen könnte, zeige ich dir das Programm, das ich für Japanisch hatte.

Mein Japanisch-Lernprogramm

Datum: *1. Januar 1999*
Ziel: 2000 Vokabeln bis 1. Januar 2002

Diese Zielvorgabe bedeutete, ich müsste mich nur alle paar Monate mit Japanisch beschäftigen. Sie war für mich auch in Ordnung so, da ich noch viele andere Ziele hatte, an denen ich arbeitete.

Übrigens hatte ich mich entschieden nur die Japanisch-Kommunikation zu lernen und keineswegs die schwierigen Schriftzeichen. Meine Lernmaterialien enthielten auch keine Schriftzeichen sondern Japanisch mit „lateinischen Buchstaben" geschrieben.

Lernsession 1: ***3 Stunden***

- *Ich lege mich hin, schließe 30 Minuten lang die Augen und höre mir eine japanische Lernkassette an. Ich höre mir 200 japanische Sätze mit Übersetzung an und spreche sie nach. Resultat: Ich habe ein erstes Gefühl für den Klang und Rhythmus der Sprache.*
- *Nun höre ich mir die 200 Sätze noch mal an, lese aber diesmal den Text und die Textübersetzung mit. Dies dauert weitere 30 Minuten.*
- *Nun schreibe ich mir die 200 Sätze auf Flip-Karten, hinten steht die Übersetzung. Dies dauert 2 Stunden. Danach beende ich die Lernsession, ohne jetzt schon meine Erfolge zu überprüfen.*

Lernsession 2: ***3 Stunden***

- *Ich höre mir die 200 Sätze von der ersten Lern-Session noch mal an und spreche sie lebhaft nach. 30 Minuten.*
- *Nun versuche ich die bereits geschriebenen Flip-Karten vom Japanischen ins Deutsche zu übersetzen. Erstaunlicherweise gelingt mir die Übersetzung von der Hälfte aller Sätze. Vom Deutschen ins Japanische gelingen mir immerhin 50 Sätze. 15 Minuten.*
- *Nun nehme ich alle 200 Karten und versuche aus den einzelnen Vokabeln eigenständig Sätze zu bauen. Bereits bestehende Sätze, versuche ich eigenständig umzuformulieren. 45 Minuten.*
- *Ich versuche die 200 Karten abermals ins Deutsche zu übersetzen. Diesmal gelingt mir eine Quote von 150. Allerdings merke ich, dass*

einiges davon nur im Kurzzeitgedächtnis ist. Es wird an der Zeit intensivere Eselsbrücken zu bauen. 15 Minuten.

- *Ich stelle mir vor, ich wäre in Japan. Ich bewege mich im Zimmer umher und spiele ein kleines Rollenspiel mit mir selbst. Im Gespräch mit einem Straßenpolizist, einem Kellner und einer hübschen japanischen Frau versuche ich spontan alle 200 Karten anzuwenden. 45 Minuten.*
- *Ich beende meine Session für heute.*

Lernsession 3: ***3 Stunden***

- *In den darauffolgenden Tagen habe ich, wenn ich ein deutsches Wort hörte, was ich auch im Japanischen gelernt hatte, das japanische Wort dazu ausgesprochen. Dies hat ausgesprochen gut funktioniert ☺. Es scheint ich habe alle 200 Sätze gelernt, ich werde sie zu einem späteren Zeitpunkt wiederholen.*
- *Heute höre ich mir auf der Kassette die nächsten 200 Sätze an, während ich mitlese. Die Kassetten höre ich auf meinem Spaziergang zum Solarium. Danach höre ich sie noch mal im Solarium und auf meinem Nachhauseweg vom Solarium. 1 Stunde.*
- *Ich schreibe wieder eine Sammlung von 200 weiteren Karten. Aus einzelnen Vokabeln baue ich eigenständig Sätze nach bestem Wissen (Abwandlungen von Sätzen, die ich bereits gelernt habe). 1 Stunde.*
- *Nun schaue ich mir einen japanischen Animations-Zeichentrick-Film auf DVD an, den mir jemand geschenkt hatte. Zweck: Sehen ob ich die Wörter wiedererkenne, die ich gelernt habe. Und es ist sehr schön zu hören, dass ich bruchstückhaft einige Wörter verstehe, bzw. wiedererkenne, dass ich sie gelernt habe. Ich verstehe zwar den gesamten Zusammenhang nicht, aber es gibt eine Wiedererkennung von Wörtern. Der japanische Sprachrhythmus wird mir vertrauter. Außerdem bestätigt mir der Film, dass die Aussprache bestimmter Wörter durchaus mit denen auf der Kassette und mit meiner Aussprache übereinstimmt. 1 Stunde.*

Lernsession 4: ***2 Stunden***

- *Es ist einige Wochen her, seitdem ich mit Japanisch gearbeitet habe, und ich wiederhole die 400 Flip-Karten, die ich geschrieben habe. Meine Übersetzungsquote liegt bei 50 %. Beim zweiten Durchgang liegt meine Übersetzungsquote wieder bei 80 %. 30 Minuten.*
- *Nun spiele ich mit den 400 Karten das Spiel „kommentiere es". Dabei kommentiere ich Bilder-Karten mit den Vokabel-Karten. Und*

obwohl ich ganz alleine bin, muss ich öfters mal über meine Kommentare lachen. Falls mir zu einigen Kommentaren manche Vokabeln oder die richtigen Wörter fehlen, sage ich sie auf Deutsch, bzw. vermische japanische Sätze mit deutschen Wörtern. 30 Minuten.

- *Ich versetze mich nun in eine Konversation hinein. Ich setze einen Teddybär auf die Couch mit dem ich auf Japanisch rede. Ich spreche ihn mit bestimmten Sätzen an und lasse ihn auch antworten indem ich mich auf seine Seite setze und meine Stimme verändere. Dabei benutze ich einen Großteil der 400 Karten. 30 Minuten.*
- *Nun übersetze ich die Flip-Karten umgekehrt, vom Deutschen ins Japanische. Hier liegt meine Quote inzwischen bei erstaunlichen 80 %. Ich wiederhole die verbleibenden 20 % noch einmal bis ich das Gefühl habe, sie wirklich zu kennen. Während des Übersetzens tue ich innerlich so, als wäre ich wirklich in Japan und müsste sie nun sofort aussprechen. Dies klappt hervorragend. Ich kenne inzwischen 400 Sätze der japanischen Sprache und etwa 700 Einzel-Vokabeln. 1 Stunde.*

Lernsession 5: ***1 Stunde***

- *Ich gehe in eine Sushi-Bar, von der ich weiß, dass dort Japaner arbeiten. Ich gehe zur Mittagszeit, wo noch nicht viele Gäste da sind. Ich möchte versuchen etwas auf Japanisch zu bestellen.*
- *Zunächst bestelle ich auf Deutsch. Doch gleich darauf überwinde ich mich und sage dasselbe auf Japanisch. Ich frage dann „Ist das richtig so?“ Der Kellner lächelt, spricht es noch mal, viel schneller und sagt dann „Ja, das ist richtig so. Woher kannst du das?“ Ich lüge und sage „ Das habe ich mal irgendwo aufgeschnappt.“ Danach versuche ich noch ein paar Sätze und bitte um seine Hilfe. Ich bekomme die Bestätigung dafür, dass meine Aussprache der Sätze korrekt ist. Und ich bemerke, dass er sie viel schneller ausspricht.*
- *Die erste Mutprobe ist bestanden.*

Lernsession 6: ***3 Stunden***

- *Ich beginne meine Lernsession mit einer von mir erfundenen Übung, genannt „Vokabular-Spaziergang“. Dabei gehe ich nach draußen und suche mir irgendwo ein Ziel aus. Danach muss ich zum Ziel laufen, darf aber nur einen Schritt machen, wenn ich vorher eine Vokabel ausspreche, die ich gelernt habe. Im Falle eines „Blackouts“ muss ich solange stehen bleiben, bis mir wieder eine Vokabel einfällt, die ich noch nicht genannt habe. Jedenfalls darf ich die Übung nicht beenden bevor ich das Ziel erreicht habe. Ich habe mir ein ziemlich weites Ziel ausgesucht...etwa 500 Schritte weit entfernt. 500 Schritte entsprechen etwa 500 Vokabeln. Und nach 10 Minuten bin ich auch bereits im Ziel. 15 Minuten.*

- *Ich vertiefe das alte Vokabular noch ein bisschen mehr, indem ich das Spiel „Beschreibe es..." mit einigen Vokabeln spiele. 15 Minuten.*
- *Ich lege mich hin und höre mir neue 200 Sätze an. Diese enthalten Vokabeln, die ich bereits kenne. Meine Augen sind geschlossen und ich bin tief entspannt. Ich nutze diese Session zur Körper-Meditation, d. h. ich verbinde sie mit einer wohltuenden Entspannungsübung. 30 Minuten.*
- *Danach lasse ich Badewasser ein, lege mich in die Badewanne und höre mir die 200 neuen Sätze noch mal an, während ich mitlese und mitspreche. Diese Kassetten enthalten Pausen, die das Mitsprechen erlauben. 30 Minuten.*
- *Ich schreibe eine Geschichte, in der die meisten dieser 200 Sätze enthalten sind. Es ist eine Science-Fiction Geschichte. 30 Minuten.*
- *Ich schreibe Flip-Karten zu den 200 neuen Sätzen während ich alle Wörter noch mal ausspreche. 2 Stunden.*

Lernsession 7: *2 Stunden*

- *Ich übersetze nun die neuen 200 Karten vom Japanischen ins Deutsche und zurück...und zwar 2 Mal. Von der vorigen Session war noch einiges hängen geblieben, und ich erreiche am Ende eine gute Quote von 60 %. 1 Stunde.*
- *Nun baue ich zu jedem der 200 Karten einen eigenen Satz und spreche ihn laut aus. 30 Minuten.*
- *Ich male auf einige der Karten, die ich mir weniger gut merken kann ein kleines Bild. 15 Minuten.*
- *Ich übersetze noch mal vom Japanischen ins Deutsche, mit einer Quote von 100 %. 15 Minuten.*
- *Ich habe tatsächlich das Gefühl 600 Vokabeln auf Japanisch fließend zu beherrschen. Mein Zeitaufwand dafür war 17 Stunden.*
- *Allerdings geht es schneller, je länger ich mich mit Japanisch beschäftige. Aller Anfang mag etwas zäh sein, aber wenn du mal in Fahrt kommst, geht es schneller. Für die nächsten 600 werde ich etwa die Hälfte der Zeit brauchen.*

12. Zwanzig Fremdsprachen im Test

Vielleicht bist du dir noch nicht sicher, welche Fremdsprache du lernen willst, oder vielleicht inspiriert dich dieses Buch dazu eine weitere zu lernen.

Nachfolgend testen wir 20 Fremdsprachen danach, wie weit sie verbreitet sind, wie leicht oder schwer sie im Vergleich zu anderen Sprachen zu lernen sind, und was eventuell Motivationen zum Erlernen gerade dieser Sprache sein könnten.

Die gemeinsamen Nenner oder Motivationen zum Erlernen einer Fremdsprache sind Themen, wie geistige Horizonterweiterung, mentales Training, Verwandtschaft, Freundschaft oder Liebe zu jemanden aus diesem Land, religiöse Gründe, Urlaub und berufliche Gründe.

Die Rangliste der meistgesprochenen Sprachen der Welt zur Jahrtausendwende:

Chinesisch - Mandarin	***(870 Millionen)***
Englisch	***(450 Millionen)***
Hindu-Urdu	***(352 Millionen)***
Spanisch	***(345 Millionen)***
Russisch	***(295 Millionen)***
Arabisch	***(205 Millionen)***
Bengali	***(189 Millionen)***
Portugiesisch	***(177 Millionen)***
Malay-Indonesisch	***(146 Millionen)***
Japanisch	***(130 Millionen)***
Französisch	***(124 Millionen)***
Deutsch	***(118 Millionen)***

Englisch

Englisch, die populärste und am meisten gelernte Fremdsprache der Welt. Diese Sprache ist die Basis für internationale Medien, Wirtschaft, Politik & der Unterhaltungsindustrie. Wenn du noch keinerlei Englischkenntnisse hast, sollte diese Sprache die höchste Lern-Priorität haben.
Englisch ist deshalb für Deutsche leichter zu lernen, als alle anderen Fremdsprachen, weil zu dieser Sprache am meisten Lernmaterial vorhanden ist.
Auf einer Leichtigkeitsskala zwischen 1 und 10 (10 extrem schwer, 1 extrem leicht) befindet sich Englisch im Vergleich zu anderen Fremdsprachen, auf der Leichtigkeitsskala 3.

Französisch

Nach Englisch ist Französisch die weltweit zweitbeliebteste Lernsprache. Es gibt zwar viele Sprachen, die von mehr Menschen gesprochen werden als Französisch... zum Beispiel Chinesisch, Russisch, Hindustani, Spanisch, Japanisch, Deutsch, Indonesisch, Portugiesisch... aber trotzdem kann Französisch in fast jeder Region der Welt gehört werden, und wird sogar oft von den einflussreicheren Teilen der jeweiligen Landesbevölkerung beherrscht. In gewissen Kreisen wird dein Niveau eher an deinen Französisch-Kenntnissen, als an deinen Spanisch-Kenntnissen gemessen. Das alte französische Imperium hat ihre Spuren hinterlassen und wird daher in Ländern wie Schweiz, Kanada, Afrika, Libanon, im Mittleren Osten, Asien, der Karibik und Südpazifik gesprochen. Und obwohl Chinesisch von viel mehr Menschen gesprochen wird, ist der kulturelle Einfluss von Französisch größer.
Französisch wird auch von vielen gerne gelernt, weil der Klang sehr schön ist, und Menschen mit dieser Sprache eine Vielzahl von Dingen assoziieren – Erotik, Romantik, Weltoffenheit, nur um einige zu nennen.
Auf der Leichtigkeitsskala liegt Französisch jedoch bei etwa 5 bis 6. Dies liegt daran, dass man durchaus eine schlechte italienische, spanische oder japanische Aussprache haben kann und dennoch verstanden wird. Stimmt die Aussprache im Französischen nicht, bleibt man oft unverstanden. Kommt hinzu, dass die Toleranzgrenze in Frankreich für schlecht sprechende Ausländer etwas niedriger ist, als in anderen Ländern.
Pluspunkte für Französisch: Die Sprache zu beherrschen, besitzt einen hohen kulturellen, Image- oder Statuswert.
Minuspunkt: Die Sprache stirbt in Ländern außerhalb Frankreichs und Kanadas allmählich aus.

Spanisch

Was Nützlichkeit und Brauchbarkeit angeht, ist Spanisch nach Englisch die zweite große Weltsprache.
Anwendbar ist Spanisch in Spanien, am Mittelmeer, in Mexiko, der Karibik, Südamerika und Lateinamerika. Und was viele nicht wissen: Eine Variante von Spanisch wird auf den Philippinen gesprochen. Eine weitere Variante, die eine Mischung aus Spanisch und Hebräisch ist, heißt Ladino und wird von Juden in Israel, Griechenland, Türkei, Jugoslawien und Bulgarien gesprochen, allerdings mit dem hebräischen Alphabet. Um also Ladino zu lernen, müsste man Spanisch & das hebräische Alphabet lernen. In den USA wird Spanisch in der Schule gelernt.
Spanisch liegt in der Leichtigkeitsskala auf 2-3. Die Aussprache ist einfach, die Grammatik unproblematisch, und wenn du Englisch, Italienisch, Portugiesisch oder Französisch bereits kannst, wirst du Tausende von Vokabeln finden die ähnlich oder gleich klingen. Umgekehrt fällt dir der Zugang zu den genannten Sprachen leichter, wenn du bereits Spanisch kannst.
Wenn du Spanisch und Englisch sprichst, kannst du bereits mit der halben Welt kommunizieren.

Portugiesisch

Portugiesisch wird in Portugal, Brasilien und weiteren Teilen Südamerikas gesprochen. Außerdem finden sich portugiesische Einflüsse in den afrikanischen Ländern Angola und Mocambique, Indien und Indonesien.
Portugiesisch ist nur ein wenig schwerer als Spanisch und liegt auf der Leichtigkeitsskala daher bei 3-4. Portugiesische, französische und spanische Grammatik sind sich sehr ähnlich. Wenn du jedoch zuerst Spanisch gelernt hast, wird sich Portugiesisch wie eine unschöne Version davon anhören, obwohl dies keinesfalls so ist. Es kommt hier nur darauf an, welche Sprache du zuerst gelernt hast.
Warum würde jemand vermutlich Portugiesisch lernen? Der relativen Exotik wegen vielleicht. „Anderssein“, ohne jedoch zu sehr aus dem Rahmen zu fallen. Vielleicht auch, weil es sehr leicht ist, nachdem man Spanisch oder Französisch kann oder aus privaten/geschäftlichen Gründen. Wer bereits Spanisch kann, lernt zusätzlich Portugiesisch „zum halben Preis“.

Deutsch

Dieser Abschnitt ist für Deutsch-Lernende, die wissen sollten, dass Deutsch auf der Leichtigkeitsskala bei 5 liegt, schwerer als Englisch & Spanisch, jedoch leichter als Französisch.
Deutsch wird in Deutschland, Schweiz und Österreich gesprochen. Außerdem wird Deutsch von vielen Einheimischen in Holland, Dänemark, Belgien, Polen, Russland, Slowakei, Tschechien, Ungarn, Norditalien, Rumänien, Bulgarien, Türkei, Griechenland, Estland, Litauen und dem Mittelmeer beherrscht. Dies hat geschäftliche und touristische Gründe.
Seit der Wiedervereinigung Deutschlands, als zentrale Macht Europas, hat die Sprache Deutsch wieder etwas mehr an Bedeutung gewonnen.

Italienisch

Jeder der mal Latein gelernt hat, sollte Italienisch in Angriff nehmen. Es ist wie eine entspannte, leichte Variante von Latein.
Auf der Leichtigkeitsskala liegt Italienisch für Deutsche bei 2. Die Aussprache ist klar und von jedem Text korrekt ablesbar und die Grammatik simpel. Die Toleranzgrenze für Ausländer, die Italienisch sprechen, ist wesentlich höher als in anderen Ländern. Dies hängt mit der Gastfreundlichkeit zusammen. Italienisch enthält keine Aussprachefallen wie etwa Englisch mit Wörtern wie „Tough", „Though" und dergleichen.
Opern, Kunst, Wein, Zeitgeschichte, Kultur, Urlaub und Archäologie könnten Motivationen sein, um die Sprache zu lernen.

Holländisch

Holländisch wird nicht nur in den Niederlanden gesprochen. Wenn du Holländisch kannst, wirst du dich auch mit der Hälfte der belgischen Bevölkerung unterhalten können. Außerdem wird Holländisch auch in Südafrika, in Teilen der Karibik und Indonesien gesprochen.
Diese Sprache liegt für Deutsche auf der Leichtigkeitsskala bei Rang 2. Lernenden mag sie wie eine Mischung aus Deutsch und Englisch erscheinen. Lies irgendeinen Beipackzettel oder Zutatenhinweis und du wirst einige Wörter daraus mühelos entziffern können. Der Satzbau ähnelt dem Englischen. Der einzige Unterschied zum Deutschen liegt in der Aussprache und Betonung von Wörtern.

Russisch

Russisch wird in allen Teilen der ehemaligen Sowjetunion gesprochen. Hier jedoch ein größerer Vorteil: Russisch ist eine gute Basis für ein Dutzend anderer slawischer Sprachen wie Serbokroatisch, Polnisch, Bulgarisch, etc.

Das für uns abschreckend erscheinende Alphabet ist in Wirklichkeit sehr einfach und kann in 30 Minuten gelernt werden. Das Schwierige an Russisch ist die Grammatik. Daher liegt Russisch auf der Leichtigkeitsskala bei 6-7. Wenn du mehr über Russisch wissen möchtest, frage die Deutschen aus dem Osten, von denen viele Russisch in der Schule hatten.

Chinesisch

Chinesisch ist mehr eine Lebensaufgabe als eine Sprache, die man beschließt zu lernen. Es beinhaltet auch wesentlich mehr als Sprachenlernen und kann sehr viel Spaß machen.
Es ist die meistgesprochene Sprache der Welt, weil China die höchste Bevölkerungsdichte der Welt hat. Außerhalb von China ist es jedoch nicht so populär wie etwa Englisch oder Spanisch. Andererseits gibt es weltweit kaum einen Ort oder Gemeinschaft, in der kein Chinese wohnt, folglich wird dir Chinesisch weltweit etwas nützen. Die Zukunft verspricht, dass China zu einer noch einflussreicheren Großmacht wird, als sie heute bereits ist.
Die zu lernende Hauptsprache heißt Mandarin. Im Chinesischen gibt es keine Grammatik und kein Alphabet. Stattdessen gibt es Ideogramme, Charaktere oder Symbole, die in sich vollständig sind und gelernt werden müssen. Es gibt von diesen Charakteren ungefähr 80 000. Zur normalen Konversation braucht es aber lediglich ein paar Tausend. Gesprochenes Chinesisch ist wesentlich einfacher als das schriftliche. Daher liegt Chinesisch in der Leichtigkeitsskala auf Rang 7.
Die zu lernenden Symbole sind in sich komplett und müssen gelernt werden. So ist z. B. das Symbol für „Ärger“ lustigerweise: drei Frauen unter einem Dach. Chinesisch hat 214 Grundraster oder Grundsymbole auf denen alle anderen basieren. Achtung: Betonung und Aussprache sind wichtig. Eine Aussage kann eine völlig andere Bedeutung bekommen, wenn sie anders ausgesprochen wird.

Japanisch

Auch hier ist zu empfehlen, die gesprochene Sprache zu lernen, anstatt die komplizierten Schriftzeichen und Symbolen. Wenn du Japanisch so lernst, liegt es auf der Leichtigkeitsskala überraschend auf 4-5.
Japanisch ist wie eine leichte Version von Chinesisch, und die Aussprache ist wesentlich klarer als die Chinesische.
Japanisch zu lernen mag aus geschäftlichen Gründen wichtig sein. Ich selbst habe die Erfahrung gemacht, dass Japanisch… mit unseren Buchstaben gelernt, sehr viel Spaß machen kann und die Aussprache so einfach ist, dass jeder Japaner dich, beim ersten Versuch etwas zu sagen, verstehen wird.

Arabisch

Arabisch wird von rechts nach links geschrieben und wird oft für geschäftliche oder religiöse Zwecke von Nicht-Einheimischen gelernt.
Nordafrika, der gesamte mittlere Osten, mit Iran, Irak, Saudi-Arabien, nur um einige zu nennen, sprechen Arabisch. Arabisch wird ebenso von Millionen von Muslimen studiert, deren Muttersprache nicht Arabisch ist.
Auf der Leichtigkeitsskala liegt Arabisch für Deutsche bei 5-7.

Hebräisch

Das alltäglich gebräuchliche Hebräisch liegt für deutsche Lernende bei 7-8 auf der Leichtigkeitsskala und ist außerhalb von Israel und in kleinen Gemeinschaften der USA nicht sehr weit verbreitet.
Hebräisch zu lernen, ist in vielen Fällen religiös oder politisch motiviert. Sobald du das Alphabet gelernt hast, beherrschst du dasselbe Alphabet, wie das Jiddische.

Griechisch

Griechisch liegt auf der Schwierigkeitsskala zwischen 6 und 7 und ist zusammen mit Latein eine Sprache mit der viel „Prestige“ verbunden ist. Wissenschaftler beherrschen sie gerne, da die meisten Wörter unserer Sprache aus dem Lateinischen und Altgriechischen stammen.
Griechisch wird heutzutage vorwiegend in Griechenland gesprochen. Wenn es deine Absicht ist, Altgriechisch zu lernen, wird dir das Erlernen der alltäglichen modernen griechischen Sprache helfen.

Schwedisch, Dänisch, Norwegisch

Diese drei Sprachen werden aufgrund ihrer Ähnlichkeit zusammen genannt. Schweden sind in der Lage Norweger zu verstehen und umgekehrt.
Diese Ähnlichkeit wird dir nützen, wenn du alle drei Sprachen lernen willst. Beginne hierbei am besten mit Norwegisch, welches das linguistische Zentrum von Skandinavien ist. Ein Däne versteht leichter Norwegisch als Schwedisch. Ein Schwede versteht leichter Norwegisch als Dänisch. Ein Norweger versteht Dänisch und Schwedisch. Norwegisch ist sozusagen die „Mitte". Aber behalte es für dich, wenn du dort bist, da Einheimische gerne auf die Unterschiede zwischen den Sprachen pochen.
Auf der Leichtigkeitsskala liegen die skandinavischen Sprachen bei 3 für Menschen, die Englisch beherrschen und 4 für Menschen, die ausschließlich Deutsch sprechen.
Der Grund warum wenige Menschen Skandinavisch lernen ist, weil Skandinavien zusammen mit Holland die meisten Menschen außerhalb englischsprachiger Länder hat, die fließend Englisch sprechen.

Polnisch, Kroatisch, Tschechisch, Slowakisch, Slowenisch

Diese slawischen Sprachen benutzen unser westliches Alphabet. Die östlichen slawischen Sprachen benutzen das kyrillische Alphabet, das oft das „russische Alphabet" genannt wird. Vielleicht wäre z. B. Polen besser beraten gewesen, das kyrillische Alphabet zu benutzen. Der polnische Ton „shch" wird „szcz" geschrieben und erfordert in unserem Alphabet vier Buchstaben. Im kyrillischen Alphabet würde er nur einen einzigen erfordern!
Slawische Sprachen liegen für uns auf der Leichtigkeitsskala bei 6-7. Doch wenn du schon mal eine gelernt hast, werden die anderen leichter. Tatsächlich verstehen die Menschen dieser Länder einander.

Serbisch, Bulgarisch, Mazedonisch, Ukrainisch, Belorussisch

Diese slawischen Sprachen benutzen das kyrillische Alphabet mit leichten Variationen von Sprache zu Sprache. Und obwohl Gelehrte etwas Anderes behaupten, reicht das Beherrschen zwei dieser Sprachen, um alle anderen slawischen zu verstehen. Leichtigkeitsskala: 8-9.

Rumänisch

Rumänisch stammt aus dem Lateinischen und ist in derselben Familie, wie Spanisch, Italienisch und Portugiesisch. Leichtigkeitsskala: 4.

Indonesisch

Indonesien ist das bevölkerungsreichste Muslime Land der Welt und durchaus das größte Land, über das Menschen in anderen Ländern am wenigsten wissen.
Auf der Leichtigkeitsskala liegt Indonesisch bei 1-2! Die Grammatik dieser Sprache ist absolut minimal. Daher wird Indonesisch oft als „Babysprache“ bezeichnet.
Indonesisch dient auch leicht als Brücke zu Malaysisch und Tagalog (Philippinen).

Hindu & Urdu

Dies sind die gesprochenen Sprachen von Indien und Pakistan. Die beiden Sprachen sind sich so ähnlich, dass sie uns fast gleich erscheinen, aber sie benutzen dennoch andere Schriften.
Motivationen, diese Sprache zu lernen, könnten spiritueller Natur sein, oder entspringen dem Wunsch, mit eines der meist gesprochenen Sprachen der Welt zu kommunizieren. Leichtigkeitsskala: 6-7.

Ungarisch, Finnisch, Estnisch

Diese drei Sprachen liegen in der Leichtigkeitsskala bei 8-9.
Motivationen diese Sprachen zu lernen? Vielleicht die Herausforderung die schwierigsten Sprachen, die es gibt, zu beherrschen. Deren Gebrauch ist nicht weit verbreitet, deren Ursprung für Linguisten immer noch ein Mysterium.

Swahili

Dies ist eines der meistgesprochenen Sprachen in Afrika. Ungefähr 60 Millionen Menschen sprechen Swahili. Nationalsprache in Kenia und Tansania, erlernten in den 60er und 70er viele Schwarzamerikaner die Sprache, um ihren afrikanischen Wurzeln gerecht zu werden. Swahili ist eine sogenannte Bantu-Sprache und wenn du sie einmal gelernt hast, wird es dir leichter fallen, verwandte Sprachen wie Kiganda, Kikamba, Kikuyu, Kinyanja, Kichaga, Kiluba, Kishona, Kizilu, Kikongo und Kidula zu lernen, alles Sprachen die in Afrika südlich der Sahara gesprochen werden.
Auf der Leichtigkeitsskala liegen diese Sprachen bei 3-5.

13. Die wunderbare Welt der Sprachen

In diesem unterhaltsamen Kapitel möchte ich Anekdoten, Geschichten, interessante Fakten und humorvolle Begebenheiten sammeln, die ich im Laufe der Jahre gesehen, gehört und gelesen habe.

Ich selbst lerne inzwischen die wichtigsten Phrasen und Grußformeln aller Sprachen, weil es wenig Dinge gibt, die mich mehr berühren, als das erstaunte und erfreute Aufblitzen von Einheimischen, wenn sie merken, dass du dir die Mühe gemacht hast, einige Phrasen ihrer Sprache zu lernen.

Zwar wird inzwischen von jedem erwartet, Englisch zu können, aber das beherrschen von nur ein paar Fetzen einer Sprache führt zu Erlebnissen und Erfahrungen, deren Ausmaß deine Lebensqualität verändern kann. Du lernst dabei nicht nur eine Sprache. Du lernst eine Art die Welt zu sehen. Und es gibt so viele Arten die Welt zu sehen, wie es Sprachen gibt.

Wenn du auch nur einen einzigen Satz auf Malayalam (eine Sprache Südindiens) sprichst, ist es, als ob du in diesem Moment mit der gesamten Welt Südindiens verbunden bist und aus ihren Augen siehst.

Der intellektuelle, geschäftliche und persönliche Zugang zu fremden Menschen wird ungemein erleichtert, wenn sie merken, dass du Interesse an ihrer Sprache zeigst, und seien es auch nur ein paar Wörter. Bei geselligen Treffen mit deinesgleichen, ein paar ausländische Begriffe fallen zu lassen, macht einen enormen Eindruck.

Wenn du, wie ich, mehrere Sprachen lernst, beginnst du auch Zusammenhänge und Parallelen zwischen Sprachen zu entdecken die faszinierend sein können.

Eine Fremdsprache beinhaltet eine Kultur, Mentalität, Philosophie, Lebensart und Stimmung. Vielleicht ist dir schon aufgefallen, dass deine Stimmung sich ändert, wenn du in einem anderen Tonfall sprichst. Dasselbe gilt für Sprachen, da jede Sprache mit neuen Tonfällen, Betonungen und Stimmungen gesprochen wird. Stelle einen Franzosen neben einem Araber auf, und du weißt was ich meine.

Sprache formt somit das Bewusstsein. Dinge, für die es keine Worte gibt, existieren nicht. Dinge, für die es Worte gibt, beginnen für dich zu existieren.

Oft sage ich Teilnehmern so etwas wie „dieses Grammatikprinzip wird Euch erst auffallen, nachdem ich Euch davon erzählt habe“. Bis dahin existierte es nicht.

Eine Mutter sagt ihrem Kind, dass die Nachbarn „böse“ sind. Bis dahin existierte dieses Konzept im Bewusstsein des Kindes nicht. Nachdem es aber nun existiert, hält das Kind nach Beweisen für diese Aussage Ausschau.

Ein paar interessante Lektionen sind schon in den normalen Begrüßungen verschiedener Fremdsprachen versteckt.

Der estnische Gruß *Kuidas* bedeutet wortwörtlich „wie läuft deine Hand?“

Ein alter chinesischer Gruß lautet *Chr bao le, mei yo?* und bedeutet direkt übersetzt „Hattest du schon etwas zu essen?“ Die zeitgeschichtliche Lektion, die hierin liegt, ist, dass es tatsächlich viele Zeiten in China gab, in denen das Essen knapp war.

Ein charmanter Gruß im Jiddischen lautet *Zug mir a shtikel Toireh.* Das heißt im Deutschen „zeig mir ein Stück Torah“. Torah ist eine heilige Schrift der jüdischen Religion. Bemerke, wie leicht Jiddisch für einen Deutschen zu verstehen ist!

Hier zwei Lektionen in mystischer oder philosophischer Hinsicht:

Das lateinische Wort *Persona*, bedeutet im ursprünglichen Maske oder Rolle. Das italienische *io sono* (ICH BIN), heißt auch Klang oder Ton, wie das englische *Sound.*

Chinesisch ist eines der lehrreichsten Sprachen, die es gibt. Es ähnelt mehr einem Abenteuer, als einer Lernaufgabe. Chinesisch, heißt es, sei eine unglaublich schwere Sprache. Angeber, welche Chinesisch lernen, schrecken andere ab, indem sie zum Beispiel darauf hinweisen, dass Chinesen ein anders „Ja“ und „Nein“ für jede Frage haben. Das stimmt zwar, ist aber alles andere als schwierig, wie ich gleich erklären werde. Gesprochenes Chinesisch ist sehr, sehr einfach. Chinesisch hat kaum eine Grammatik, und die Endungen der Wörter ändern sich nicht grundlos, wie es in vielen anderen Sprachen der Fall ist.

Wenn du im Chinesischen eine Frage stellst, präsentierst du zwei Alternativen:

„Gehst du?“ heißt dann „du gehst, nicht gehst?“ Wenn du also gehst, wäre die JA-Antwort im „gehe“ und die NEIN-Antwort „nicht gehe“.

„Hast du ein Auto?“ wird dann zu „du hast Ich-Auto, nicht hast?“ und die Antwort entweder „habe“ oder „nicht habe“.

Chinesisch hat kein Alphabet, sondern Charaktere, von denen jedes in sich vollkommen ist und gelernt werden muss. Um eine normale Konversation zu haben, müsstest du nur etwa 500 Charaktere lernen. Ein Problem gibt es dennoch: Jeder chinesische Charakter repräsentiert nur eine einzige Silbe. Daher muss derselbe Ton viele verschiedene Dinge bedeuten.

So wie im Deutschen das Wort *macht* „Das macht 5 Euro“ und „ich habe Macht“ zwei völlig verschiedene Dinge bedeuten.

Im Chinesischen ist dies sehr extrem. So hat z. B. der Klang *shih* 75 verschiedene Bedeutungen! Der Unterschied ist also nur durch Klang, Betonung und Tonhöhe bei der Aussprache auszumachen.

Jedes chinesische Wort ist einer bestimmten Tonhöhe zugeteilt, ähnlich Musiknoten. So bedeutet z. B. das Wort *wu* in der ersten Tonhöhe „Zimmer“, in der zweiten Tonhöhe „vulgär“, in der dritten Tonhöhe „fünf“ und in der vierten Tonhöhe „unfolgsam“.

Wenn wir den Satz „Mutter bestraft das Pferd“ nehmen, haben wir im Chinesischen *ma ma ma ma*! Und wenn wir eine Frage daraus machen, wie z. B. „bestraft Mutter das Pferd?“ müssen wir ein fünftes *ma* dazutun, also *ma ma ma ma ma.*

Ohne die richtigen Tonhöhen würde der Chinesische also nur Unsinn hören. Um also Chinesisch zu lernen, ist keine Grammatik notwendig, sondern Wissen um die richtigen Tonhöhen der Wörter und in welchen Umständen die Tonhöhen sich ändern. Alles andere ist sehr einfach.

„Chopsticks“ heißt ganz einfach *kwai dze.*
„Bis“ bis heißt ganz einfach immer *gung gung chee chee.*

Man sagt, man könne die chinesische Seele und Lebensart in ihrer Sprache wiedererkennen.

„Morgen“ auf Chinesisch heißt wortwörtlich übersetzt „strahlender Tag“.

Die Charaktere für das Wort „gut“ zeigen eine Frau mit einem Kind. Mutter und Kind werden also symbolisch für alles Gute genommen.

Das Wort für „Friede“ zeigt eine Frau unter einem Dach.
Das Wort für „hübsch“ zeigt zwei Frauen unter einem Dach.
Das Wort für „Streit“ zeigt jedoch 3 Frauen unter einem Dach!

Nachdem du die gebräuchlichsten Phrasen einer Fremdsprache gelernt hast, wird es dir vielleicht Spaß machen, die Redewendungen, Kraftausdrücke und Sprichwörter zu lernen.

Dies ist ein ganz besonderer Leckerbissen, da diese Sprache bildhaft ist. Redewendungen enthalten an sich schon unzählige Nebenlektionen.

Hier zwei englischsprachige Redewendungen die Bilder erzeugen:

Out of the frying pan into the fire
(Aus der Pfanne ins Feuer)
Vom Regen in die Traufe

I´m on cloud 9
(Ich bin auf Wolke 9)
Ich bin im siebten Himmel

Was die Verbundenheit aller Sprachen angeht, erzählt der Autor Sprachforscher Barry Farber, der selbst Dutzende Sprachen absolut fließend spricht, eine interessante Geschichte:

Von den Sprachen Ungarisch, Finnisch und Estnisch behauptet man, sie seien die schwierigsten der Welt, und sie ähneln keiner anderen Sprache der Welt. Auf seinen vielen Reisen hatte er bei Toiletten keine Schwierigkeiten damit zwischen „Damen“ und „Herren“, „Mesdames“ und „Messieurs“, „Senoras“ und Senores“ zu unterscheiden. Sogar in Norwegen wusste er noch, welchen Eingang er nehmen müsste, als er zwischen „Kvinnor“ und „Menn“ zu wählen hatte. Das Glück hatte ihn in Ungarn jedoch scheinbar verlassen. Dort hatte er die Wahl zwischen „Nök“ und „Ferfiak“. Würde ihn seine Kenntnis dutzender Sprachen diesmal im Stich lassen? Er nahm an, dass das „k“ am Ende beider Wörter, sie lediglich ins Plural setzt. Also blieben Nö und Ferfia oder Ferfi übrig. In unseren Ohren klingt Ferfia femininer als Nö, oder?

Ihm kam in dem Moment die Theorie in den Sinn, dass die Sprache Ungarisch aus Asien stammt. Diese Idee hatte er schon mal gehört. Er erinnerte sich: Das chinesische Wort für „Frau“ klang genau wie „Nö“. Nicht wie „No“ oder „Nu“ sondern genau wie im Deutschen das Umlautwort „Nö“ klingt. Aus seiner Kenntnis von Chinesisch betrat er also eine ungarische Toilette mit der Aufschrift „Ferfiak“ und war sehr erfreut darüber, dass sich in der Toilette andere Ferfiak, wie er selbst, aufhielten.

Eine äußerst „magische“ Art, eine Sprache von Anfang an zu lernen, ist durch Kinderreime und Märchenreime, auf Englisch „Nurserey Rhymes“.

Dies ist die Art, wie die meisten Kinder der Welt ihre ersten Sätze und Wörter lernen. Durch Reime, die in phantasievollen Geschichten verwoben sind und mit intensiven Bildern verknüpft werden.

Die Reime, die du als Kind lernst und singst, bleiben meist ein ganzes Leben lang haften. Wenn es dir liegt, kannst du für deine Fremdsprache entsprechende Bücher und Bände besorgen.

Wer kennt den folgenden Kinderreim nicht?

Mary had a little lamb,
it´s fleece was white as snow.
And everywhere that Mary went,
the lamb was sure to go.

It followed her to school one day,
that was against the rule.
It made the children laugh and play,
to see a lamb at school.

So the teacher turned it out,
but still it lingered near.
And waited patiently about,
till Mary did appear.

„Why does the lamb love Mary so?“
the eager children cried.
„Why Mary loves the lamb, you know“
the teacher did reply.

14. Quick and Dirty English Grammar

Dieser Abschnitt ist für den Leser geschrieben, der Englisch als Fremdsprache seiner Wahl ausgewählt hat.

Er ist für Lernende der Stufen 2-6 (siehe Skala) geeignet. Er wird dir jahrelanges Englisch-Grammatik-Studium ersparen und dir nur das Nötigste vermitteln, damit dein Sprechen einigermaßen gut klingt.

„Quick & Dirty" ist ein englischer Begriff und heißt übersetzt „schnell und schmutzig". Bedeutungsgemäß wird er für Dinge verwendet die man „grob" oder „auf die Schnelle" lernt, und ist keineswegs abwertend gemeint.

Das Nachfolgende ist schulisch gesehen sicherlich kein Kurs in korrekter Grammatik, sondern zeigt dir, worauf es in der Alltags-Kommunikation wirklich ankommt.

Zur weiteren Erleichterung des Lesers verzichte ich hier auch auf die Namen der Regeln und sage z. B. „Ing-lish" anstatt „Verlaufsform" oder „Continous-Form". Ein Begriff wie „Ing-lish" prägt sich für den Anfänger besser ein.

Es geht eigentlich nur um 5 Prinzipien, die man meistern sollte, um in der alltäglichen Kommunikation einigermaßen gut zu klingen.

Diese sind:

1. ***Richtiges Sprechen in der Gegenwart: „Ing-lish"***
2. ***Richtiges Sprechen in der Gegenwart: „He/She/It das S muss mit"***
3. ***Richtiges Sprechen in der Vergangenheit***
4. ***Richtiges Sprechen in der Zukunft***
5. ***Präpositionen (on, in, at, off, for, from, up, to, by, etc.)***

Dies sind gleichzeitig die Bereiche, wo Deutsche die meisten Fehler machen. In meinen über 500 Seminaren fallen mir Woche für Woche immer wieder die gleichen Fehler auf. Diese spreche ich in diesem Kapitel alle an.

Der „Quick & Dirty" Guide enthält keine Ausnahmeregeln. D. h., das hier Vermittelte funktioniert in 80 % der Fälle. Wer auf die restlichen 20 % eingehen möchte, kann das mit Grammatik-Büchern. Allerdings sind die fließende Kommunikation und das Vokabular wesentlich wichtiger als die perfekte Grammatik.

Gegenwart: „Ing-lish“

„I drive a BMW“	***„I am driving a BMW“***
Ich fahre BMW	Ich fahre gerade BMW
Allgemein	***Jetzt gerade***

Die ing-Form wird dann verwendet, wenn etwas jetzt gerade stattfindet. So einfach ist das! Das Einzige, was es „schwierig“ macht, ist, dass es diese Unterscheidung im Deutschen nicht gibt. Wenn ich sage „I drive BMW“, dann bedeutet das, dass ich einen BMW besitze. Wenn ich sage „I am driving BMW“ bedeutet das, dass ich gerade in meinem Auto sitze und fahre.

Und was ist, wenn du gerade mit jemandem im Auto sitzt und er sagt „I drive BMW“? Dann telefoniert er vielleicht gerade mit jemanden, der ihn fragt: „Was für ein Auto fährst du?“.

It rains...	***It is raining***
es regnet	es regnet

Die erste Aussage „It rains...“ ergibt demnach allein stehend überhaupt keinen Sinn. Denn wenn es regnet, sagt man natürlich „It is raining“, denn es regnet ja gerade. Bei „It rains“, müsste noch etwas anderes kommen ...“ Everytime I go to London it rains“ oder „Does it rain much in Greece?“

Nehmen wir nun an, ich spreche mit dir, als Leser, gerade Englisch. Welche der nachfolgenden Aussagen würden demnach momentan zutreffen? Beantworte spontan ob WAHR oder UNWAHR!

- **I speak English**
- **I speak German**
- **I am speaking English**
- **I am speaking German**
- **I am not speaking German**

Auflösung 1: Alle Aussagen bis auf eine sind WAHR.

Willst du es noch mal probieren?

Auflösung 2: Die Aussage „I am speaking German“ ist die einzige, die in diesem Kontext unwahr ist.

I speak English –	ist WAHR, ich spreche sogar sehr gutes Englisch.
I speak German –	ist ebenfalls WAHR, ich schreibe sogar in Deutsch.
I am speaking English –	ist ebenfalls WAHR, weil ich es in dem Moment tue.
I am speaking German –	ist UNWAHR, denn in dem Moment sprach ich Englisch.
I am not speaking German –	ist WAHR, denn es heißt „Ich spreche jetzt gerade NICHT Deutsch.“

Alles klar? Falls nicht, gehe diesen Abschnitt noch mal durch. Es ist sehr, sehr einfach zu verstehen. Mache gegebenenfalls für beides Beispielssätze.

Gegenwart: He/She/It – das S muss mit

Ich gehe	***I go***
Du gehst	***You go***
Wir gehen	***We go***
Sie gehen	***They go***
Er geht	***He goes***
Sie geht	***She goes***
Es geht	***It goes***

Dies ist also wesentlich einfacher, als im Deutschen. Bei ER/SIE/ES muss lediglich das „S“ mit oder in manchen Fällen „ES“.

Beispiele:

I drive BMW	***He drives BMW***
I love you	***She loves you***
I drink Coca Cola	***He drinks Coca Cola***

Und was es noch einfacher macht, in der Vergangenheits- und Zukunftsform gibt es diese Regel nicht. Das „S“ muss nur in der Gegenwartsform mit.

Beispiele:

I smile (Ich lächele)	***He smiles (Er lächelt)***
I smiled (Ich lächelte)	***He smiled (Er lächelte)***
I will smile (Ich werde lächeln)	***He will smile (Er wird lächeln)***

Bei Vergangenheit und Zukunft muss also das „S" nicht mit!

Wenn du eine einprägsame Gruppenübung zu diesem Prinzip machen möchtest, kannst du es folgendermaßen tun:

Einer in der Gruppe beginnt und sagt was er/sie um 6 Uhr jeden Morgen macht (in der „ich"-Form).

Dann sagt die nächste Person in der Runde was die erste Person um 6 Uhr morgens macht (in der er/sie-Form) und sie selbst um 7.

Dann sagt die dritte Person was die erste um 6 macht, die zweite um 7, und die dritte um 8 Uhr.

So geht dieses Spiel weiter und weiter, solange du willst und kannst (normalerweise bis jemand bei 6 Uhr abends angekommen ist).

Beispiel:

Tina: *„At 6 I sleep"*
Marc: *„At 6 Tina sleeps. At 7 I wake up"*
Isa: *„At 6 Tina sleeps. At 7 Marc wakes up. And at 8 I have breakfast."*
Tony: *„At 6 Tina sleeps. At 7 Marc wakes up. At 8 Isa has breakfast. And at 9 I Miss Misses Smiths Kisses."*
Liz: *„At 6 Tina sleeps. At 7 Marc wakes up. At 8 Isa has breakfast. And at 9 Tony Misses*

Misses Smiths kisses." etc.

Dies ist nicht nur ein Spiel, um Leute an „HE/SHE/IT das „S muss mit" zu gewöhnen, sondern auch eine ideale Übung, um das Gedächtnis zu trainieren.

Alles klar?

Mache einige Beispielsätze mit diesem Prinzip, bis du es verstehst.

I play Football, Jim plays Football, I love Lisa, Jim loves Lisa, etc.

Wir haben es hier nicht mit einem Mysterium zu tun, sondern mit einem ganz einfachen Prinzip.

Sprechen in der Vergangenheit

I learn English	***Ich lerne English***
I learned English	***Ich lernte English***
I have learned English	***Ich habe English gelernt***

Wie du sehen kannst, reicht es in der englischen Sprache, bei normalen Vergangenheitsformen, lediglich das „ED“ anzuhängen.

Beispiele für die Einfachheit der englischen Vergangenheitsform:

I play	***Ich spiele***
I played	***Ich spielte***
I smile	***Ich lächele***
I smiled	***Ich lächelte***
I want	***Ich will***
I wanted	***Ich wollte***

Anmerkung: Das „E“ wird bei „ED“ nur in Ausnahmefällen ausgesprochen.

Nun gibt es leider Ausnahmen und zwar die „unregelmäßigen Verben“. Bei diesen reicht es nicht aus, ein „ED“ anzuhängen. Hier verändert sich die Vergangenheitsform ohne nachvollziehbare Regel.

Beispiele:

I buy	***Ich kaufe***
I bought	***Ich kaufte***
I have	***Ich habe***
I had	***Ich hatte***
I say	***Ich sage***
I said	***Ich sagte***

Wie viele von diesen unregelmäßigen Vergangenheitsformen gibt es? Ich weiß es nicht. Auf jeden Fall gibt es nur 100 wichtige, die du lernen solltest. Das sind solche, die immer wieder und jeden Tag in der Sprache vorkommen.

Und nun ein sehr wichtiger Hinweis:

Der große Unterschied zwischen deutscher und englischer Alltagssprache in der Vergangenheitsform liegt darin, dass wir Amerikaner und Engländer meistens in der 1. Vergangenheit sprechen, während der Deutsche vorwiegend in der 2. Vergangenheit spricht.

Beispiele:

Wenn der Deutsche sagt:	Sagt der Amerikaner/Engländer:
Ich bin gefahren	***Ich fuhr***
Ich habe gegessen	***Ich aß***
Ich habe gelernt	***Ich lernte***

Somit hättest du eine Trefferquote von 80 %, wenn du ständig in der 1. Vergangenheit sprechen würdest.

Deutsche hören sich für uns in dem Sinne eigenartig an, weil sie dauernd in der 2. Vergangenheit sprechen, wie sie es gewohnt sind.

„I have learned“ oder „I have driven“ benutzen wir jedoch eher, wenn etwas vollkommen abgeschlossen ist und nicht wieder vorkommt.

„I learned“ und „I drove“ würden hier natürlicher klingen.

Dies macht die Sache einerseits für dich etwas schwieriger, da du dich gedanklich umstellen musst, aber andererseits hast du es letztlich leichter, da du nur eine Vergangenheit lernen musst.

Zukunft

Will = werde, wird, werden, wirst

Der häufigste „typisch deutsche Fehler“ ist es, zu denken „I will“ hieße „Ich will“. „Ich will“ heißt „I want“. „I will“ heißt „Ich werde.“

Du hast nun 4 Möglichkeiten in der Zukunftsform zu sprechen:

I will	***Ich werde***
I´ll	***Ich werde***
I am going to	***Ich werde***
I´m gonna	***Ich werde***

Zwischen „I will“ und „I am going to“ gibt es zwar einen leichten Unterschied, aber ich werde ihn hier nicht lehren, da er im alltäglich Gebräuchlichen nicht von großer Bedeutung ist.

„I´ll“ ist lediglich die Abkürzung von „I will“. Dieselbe Abkürzung gilt auch für He will (He´ll), We will (We´ll) etc.

„I´m gonna“ ist eine umgangssprachliche Abkürzung, die in der Schule selten gelehrt wird und in Schriftform selten verwendet wird. Sie ist aber so häufig im Sprachgebrauch, dass ich sie hier nicht auslassen kann.

Ich beobachte z. B. in Filmen sehr oft, dass die Schauspieler „gonna“ sagen, im Untertitel heißt es dann jedoch „will“.

Bei „gonna“ beachte bitte, dass das „a“ am Ende für das „to“ bei „I am going to“ steht. Also würde ein Satz nicht „I´m gonna to pay“ (Ich werde zahlen) sondern „I´m gonna pay“ lauten.

„I am going to“ heißt auch „Ich gehe zu...“ und ist nicht mit der Version zu verwechseln die „Ich werde“ heißt.

Beispiele:

I am going to the Hotel	***Ich gehe ins Hotel***
I am going to go to the Hotel	***Ich werde ins Hotel gehen***

Solltest du noch ganz am Anfang deiner Sprachreise sein, ist es besser du benutzt vorerst nur das „will“, um in der Zukunftsform zu reden.

Und nun auch hier ein wichtiger Hinweis:

Wir verwenden die Zukunftsform wesentlich öfter als Deutsche, da es die folgenden Sätze im Englischen NICHT GIBT:

„Wir gehen nächste Woche schwimmen“
„Kommst du heute Abend mit uns?“
„Was machst du morgen?“

Im Englischen heißt es stattdessen:

„Wir werden nächste Woche schwimmen gehen“
We will go swimming next week.

„Wirst du heute Abend mit uns kommen?“
Will you come with us tonight?
oder die Ing-Form
Are you coming with us tonight?

„Was wirst du morgen tun?“
What will you do tommorow?

Also: Etwas, das in der Zukunft passiert, wird auch in 80 % der Fälle in der Zukunftsform gesprochen.

Nun hast du mit den ersten vier Prinzipien eigentlich alles, was du für den Anfang wissen musst! Meistere diese vier. Erstelle etliche Beispielssätze mit ihnen.

Zum Beispiel so:

I play football
I am playing football
I played football
I will play football

He plays football
He is playing football
He played football
He will play football

Das war es auch schon! Es ist nicht schwierig, sondern bedarf nur ein wenig Übung.

Präpositionen

In diesem Bereich treten dauernd Verwechslungen und Fehler auf. Ich möchte mit den folgenden Präpositionen beginnen:

ON
IN
AT
OFF
FOR
FROM
UP
BY

Und hier typische Verwechslungen, also das was diese Präpositionen ***nicht heißen***:

ON	***„ AN“***
IN	
AT	
OFF	***„ AUF“***
FOR	
FROM	
UP	***„AB“***
BY	***„BEI“***

Abgesehen vom Wort „BY“, kann ich dir jetzt all diese Präpositionen beibringen. Bist du bereit? Du musst dafür lediglich mitlesen und mitmachen.

Stelle dir einen See, umgeben von einer Wiese und Bäumen, vor. Irgendwo am See liegt eine Frau in einem Bikini. Im See sind ein Boot und ein Schwimmer. Hast du das Bild? Gut. Zeichne es dir bitte skizzenhaft schnell auf ein Blatt Papier.

Wenn nun jemand „ON the lake“ (lake = See) sagt, wo ist er dann?
Er sitzt im Boot. Zeichne dir ein Männchen in das Boot und markiere ihn mit dem Wort ON.
Wenn ein Deutscher also sagt „Mr. Schmidt is ON his desk“ sagt er „Herr Schmidt ist AUF seinem Schreibtisch.“ Lustig, nicht?

Wenn nun jemand „IN the lake“ ist, wo ist er dann?
Er schwimmt im See. Lasse ein Männchen in deiner Zeichnung schwimmen und markiere ihn mit „IN“.

Wenn nun jemand „AT the lake“ ist, wo ist er dann?
Er ist irgendwo auf der Wiese oder am Rande des Sees. Vielleicht zeichnest du ein Männchen neben der Bikini-Frau.

Zwischenfrage: Warum bist du „AT a Party“ und nicht „ON a Party“?

Antwort: Wenn du „ON a Party“ wärst, würdest du auf den Partygästen draufliegen oder auf dem Dach des Hauses sein.
Wir Englischsprachige sagen nicht, jemand sei „auf“ einer Party. Verwende die Präpositionen nur so, wie auf deiner Zeichnung dargestellt!

„He falls OFF the Boat“ bedeutet, unser Männchen fällt aus dem Boot heraus. Markiere dies bitte im Text.
OFF hat nichts mit dem Deutschen „auf“ zu tun.
OFF heißt immer runter von, weg von, aus, ab.

Beispiele:

turn OFF the light	*(Schalte das Licht aus)*
fall OFF the boat	*(Aus dem Boot fallen)*
break OFF	*(etwas abbrechen)*

„FOR & FROM“ sind sehr einfach.
„FOR“ ist dasselbe wie das Deutsche „für“ und „FROM“ ist „von“.

Beispiele: ***The Present is from me.*** *(Das Geschenk ist von mir.)*
The Present is for you. *(Das Geschenk ist für dich.)*

Das Wort „UP“ hat nichts mit dem Deutschen „ab“ zu tun. Ganz im Gegenteil: Es heißt „nach oben“, „hoch“ oder „aufwärts“!

Nun werden wir diese Präpositionen so einüben, dass du sie dir gut merken und abrufen kannst, wenn du sie wirklich brauchst. Wir werden jede genannte Präposition mit einer dazu passenden Körperbewegung verbinden.

Anmerkung: Wenn du zu lernende Vokabeln mit physiologischen Körperbewegungen verbindest, aktivierst du das sogenannte „Köpergedächtnis“, welches sehr gut funktioniert.

- *Lege beide Hände auf den Kopf und sage **„ON“!***
- *Zeige mit dem Zeigefinger jeder Hand in deinen Mund und sage: **„IN“!***
- *Bewege deine Hände zu Bauch oder Hüften und mache eine „Schnitt-Bewegung“ mit den Händen und sage **„AT“** (bei, neben dem Körper)!*
- *Bewege deine Hände in „gebender Gestik“ nach vorne und sage **„FOR“!***
- *Ziehe die Hände, als ob du etwas greifst, zu dir zurück und sage **„FROM“!***
- *Lasse deine Hände in die Höhe über den Kopf gehen und sage **„UP“!***

Diese Bewegungsabfolge ist solange zu wiederholen bis:

- *Du eine ununterbrochene Choreographie aus allen Wörtern hast.*
- *Jede Bewegung ohne Unsicherheit mit dem Wort verbunden werden kann.*
- *Du die Choreographie praktisch im Schlaf ausführen könntest.*

Zu guter Letzt eine „TH“-Übung von William Shakespeare. Das Englische „th“ wird ausgesprochen, indem du die Zunge sanft zwischen die Zähne legst und einen Laut machst.

„Wether the Weather be fine,
or wether the weather be hot.
Wether the weather be cold,
or wether the weather be not.
We'll wether the weather
whatever's the weather,
wether we like it or not!“

15. Die 100 meist gebrauchten Vokabeln der englischen Sprache

Englisch	Deutsch
a, an	ein
after	nach, danach
again	wieder
all	ganz, alles
almost	fast, beinahe
also	auch
always	immer
and	und
because	weil
before	vorher, vor
big	gross
but	aber
can	kann, können
come	komme, kommen
either/or	entweder/ oder, auch nicht
find	finden
first	erst, zuerst
for	für
friend	freund
from	von
go	gehen
good	gut
goodbye	Aufwiedersehen
happy	glücklich
have	haben
he	er
hello	Hallo
Here	hier
How	wie
I	ich
I am	ich bin
if	ob, wenn
in	in

Englisch	Deutsch
know	wissen / kennen
last	letzter / zuletzt
like	mögen, mag / wie/sowie
little	wenig / klein
love	Liebe / lieben
make	machen
many	viele
more	mehr
most	am meisten
much	viele
my	mein
new	neu
no	nein
not	nicht
now	jetzt
of	von
often	oft
on	auf
one	eins
only	nur
or	oder
other	anderes/ anderer
our	unser
out	aus, raus
over	über, vorbei
people	Leute, Menschen
place	Ort
please	bitte
same	dasselbe, gleiche
see	sehen, verstehen
she	sie
so	so, also
some	etwas, einige
sometimes	manchmal
still	noch, immer noch
such	solche, solches
tell	sagen, erzählen

Englisch	Deutsch
thank you	Danke!
that	das, das da
the	der, die, das
their	deren
them	sie (Mz.)
then	dann
there is	da ist, es gibt
they	sie (mz.)
thing	Ding / Sache
think	denken / glauben
this	dies(e)(s)
time	Zeit
to	um, zu
under	unter
up	auf, nach oben
us	uns
use	benutzen
very	sehr
we	wir
what	was
when	wann
where	wo
which	welches
who	wer
why	warum
with	mit
yes	ja
you	du, Sie
your	dein

16. The 100 frequently used Business-English-Words

Englisch	Deutsch
economy	Wirtschaft
meeting	Treffen/Konferenz/Sitzung
office	Büro
management/leadership/head	Leitung/Geschäftsführung
buying & selling	Kauf und Verkauf
turnover	Umsatz
revenue	Umsatz/Einkünfte
topic/subject	Thema
issue	Thema/Problem
goal/target/aim/objective	Ziel
distribution	Vertrieb/Verteilung
sales	Verkauf
department	Abteilung
income	Einkommen
business	Geschäft/geschäftlich
trade/deal	Handel/handeln
contract	Vertrag
market	Markt
strategy	Strategie
marketing	Marketing
share/stock	Aktie
success	Erfolg
introduce	etwas vorstellen/einführen
supplier	Lieferant
employee	Angestellter/Mitarbeiter
employer	Arbeitgeber
team	Mannschaft/Gruppe
customer	Kunde
costs	Kosten

Englisch	Deutsch
application	Anwendung / Bewerbung
review	etwas durchgehen / anschauen
briefing	Unterweisung / Unterrichtung
opinion	Meinung
question	Frage
offer	Angebot
proposal	Angebot, Vorschlag
suggestion	Vorschlag
viewpoint	Standpunkt
overall	gesamt / insgesamt
increase	Steigerung
decrease	fallen / sinken
advertisment	Werbung
public	öffentlich/Öffentlichkeit
delivery	Sendung / Lieferung
phonccall	Telefonanruf
possible	möglich
company	Firma
factory / plant	Fabrik
communication	Kommunikation
benefit	Vortcil
deadline	Fälligkeitstermin
appointment	Termin
energy	Energie
implement	einführen
maximize	maximieren
reduce	reduzieren
stock	Lager/Vorrat/Bestand
network	Netzwerk
project	Projekt
organize	organisieren
support	Unterstützung/unterstützen
supply & demand	Angebot und Nachfrage

Englisch	Deutsch
branch	Zweig(stelle)
field / area	Bereich / Fachgebiet
profession	Beruf
tools	Werkzeuge
hold a speech	Eine Rede halten / Vortrag halten
transfer	überweisen/Überweisung
unit/unity	Einheit
vacation	Urlaub
waste	verschwenden
system	System
process	Prozess
competition	Konkurrenz
profit	Gewinn
lawye	Anwalt
building	Gebäude / bauen
found	Gründen
thought	Gedanke
define	definieren
annual	jährlich
reply /Answer	Antwort/Erwiderung
statement	Aussage
rate	Rate/Tarif/Kurs
evaluate	auswerten/bewerten
elaborate	ausarbeiten
attention	Aufmerksamkeit
limit	Grenze
CEO	Boss
CFO	Finanzchef
procedure	Prozedur
secretary	Sekretärin

17. Die 100 meist gebrauchten italienischen Sätze

Italienisch	Deutsch
come ti chiami?	Wie heißt du?
quanti anni hai?	Wie alt bist du?
mi chiamo	Ich heiße
dov'è...?	Wo ist...?
piacere!	Angenehm!
dove abiti?	Wo wohnen Sie?
sono tedesco, -a	Ich bin Deutscher / Deutsche.
no lo so	Ich weiß es nicht.
che ore sono?	Wie spät ist es?
hai d'accendere?	Hast du Feuer?
prendiamo un caffè?	Trinken wir einen Kaffee?
ti invito	Ich lade dich ein.
mi dai il tuo numero di telefono?	Gibst du mir deine Telefonnummer?
parli più piano, per favore!	Sprechen Sie bitte langsamer!
non ho capito	Ich habe nicht verstanden.
sono stato a Roma	Ich bin in Rom gewesen.
ti piace?	gefällt / schmeckt es dir?
è stato molto buono (im Restaurant)	Es ist sehr gut gewesen.
vorrei...	Ich hätte gerne...
avete...?	Haben Sie...?
quanto costa?	Wieviel kostet es?
mi da uno sconto?	Geben Sie mir einen Rabatt?
che cosa è...?	Was ist... ?
posso parlare con...?	Kann ich mit... sprechen?
è lontano?	Ist es weit?
non ne posso fare a meno	Ich kann davon nicht lassen.
come prino / secondo piatto vorrei...	Als ersten / zweiten Gang hätte ich gerne...
senta, il conto, per favore!	Hören Sie, die Rechnung bitte!

Italienisch	Deutsch
Le da fastidio se fumo?	Stört es Sie, wenn ich rauche?
vorrei un biglietto per...	Ich hätte gerne eine Fahrkarte nach...
andata e ritorno	Hin-, und Rückfahrt
quando parte il treno?	Wann fährt der Zug los?
quando arriva il treno?	Wann kommt der Zug an?
andiamo!	Gehen wir!
dove andiamo?	Wohin gehen wir?
può consigliarmi un buon ristorante?	Können Sie mir ein gutes Restaurant empfehlen?
va bene così!	Das ist in Ordnung so!
un pieno, per favore!	Einmal volltanken, bitte!
posso pagare con la carta di credito?	Kann ich mit Kreditkarte zahlen?
ha un biglietto da visita?	Haben Sie eine Visitenkarte?
vorrei una camera singola / doppia	Ich hätte gerne ein Einzel-, Doppel-zimmer.
vorrei riservare	Ich möchte reservieren.
può svegliarmi alle...?	Können Sie mich um... wecken?
mezza pensione / prima colazione inclusa?	Halbpension / Frühstück inbegriffen?
avete un parcheggio?	Haben Sie einen Parkplatz?
vorrei noleggiare una macchina	Ich möchte ein Auto mieten.
vorrei un caffè e un cornetto	Ich hätte gerne einen Kaffee und ein Hörnchen.
una spremuta d'arancia, per favore!	Einen Orangensaft, bitte!
cosa mi può consigliare?	Was können Sie mir empfehlen?
sono stanco	Ich bin müde.
me ne vado	Ich gehe
andiamo al mare!	Gehen wir ans Meer!
ho fame	Ich habe Hunger.
ho sete	Ich habe Durst.
una bottiglia d'acqua naturale, per favore!	Eine Flasche Mineralwasser ohne Kohlensäure, bitte!

Italienisch	Deutsch
scusi signore / signora!	Entschuldigen Sie!
che bello!	Wie schön!
mi dispiace	Es tut mir leid.
la linea è disturbata	Die Verbindung ist schlecht.
non c' è problema	Das ist kein Problem.
ho riservato una tavola	Ich habe einen Tisch reserviert.
a nome di…	Auf den Namen von...
giri a sinistra / a destra!	Biegen Sie nach links / rechts ab!
vada diritto!	Gehen Sie immer geradeaus!
quando posso richiamare?	Wann kann ich zurückrufen?
a che ora apre?	Wann öffnen Sie?
a che ora chiude?	Um wie viel Uhr schließen Sie?
posso provare le scarpe?	Kann ich die Schuhe probieren?
mi serve...	Ich brauche...
può aiutarmi?	Können Sie mir helfen?
il mio numero di telefono è...	Meine Telefonnummer ist...
vorrei confermare...	Ich möchte... bestätigen
può mandarmi un fax?	Können Sie mir ein Fax schicken?
può farmi un favore?	Können Sie mir einen Gefallen tun?
avete un po' di ghiaccio?	Haben Sie ein bisschen Eis?
non fa niente	Das macht nichts.
un gelato di due palline, per favore!	Ein Eis mit zwei Kugeln, bitte!
ci porta il menù?	Bringen Sie uns die Karte?
fa caldo / freddo oggi	Es ist heiß / kalt heute.
vorrei una scheda telefonica	Ich hätte gerne eine Telefonkarte.
vorrei quattro cartoline	Ich möchte vier Postkarten.
due francobolli, per favore!	Zwei Briefmarken, bitte!
avete un giornale tedesco?	Haben Sie eine deutsche Zeitung?
che misura è?	Was ist es für eine Größe?
avete il trentotto?	Haben Sie Größe 38?
vorrei un' informazione	Ich hätte gerne eine Information.
c'è un bancomat qui vicino?	Gibt es hier in der Nähe einen Bank-

Italienisch	Deutsch
	automaten?
attenzione!	Vorsicht!
ho riservato una camera	Ich habe ein Zimmer reserviert.
come stai?	Wie geht's dir?
chiami un dottore, per favore!	Rufen Sie bitte einen Arzt!
dov'è lo spogliatoio?	Wo ist die Umkleidekabine?
può rimorchiare la mia macchina?	Können Sie mein Auto abschleppen?
il motore non avvia	Der Motor springt nicht an.
c'è un distributore qui vicino?	Gibt es hier in der Nähe eine Tankstelle?
abbiamo avuto un incidente	Wir haben einen Unfall gehabt.
quanto costa la macchina per una settimana?	Wie viel kostet das Auto für eine Woche?
che cosa ha detto?	Was haben Sie gesagt?
Lei è molto gentile	Sie sind sehr freundlich.
quanto tempo ci vuole?	Wie lange dauert es?

18. Spaß mit Italienisch - 25 italienische Slangs

Italienisch	Deutsch
vaffanculo!	Arschloch!
ciao bella, cosa fai stasera?	Hallo Hübsche, was machst du heute Abend?
sei un rompicazzo!	Du gehst einem auf den Sack!
ma che testa di cazzo!	Was für Schwanzkopf!
fa schifo!	Das schmeckt scheiße!
sono tutto'orecchio	Ich bin ganz Ohr.
che c'è?	Was gibt's?
è affascinante!	Es ist faszinierend.
lasciami in pace!	Lass mich in Frieden!
non te la prendere!	Nimm es dir nicht zu Herzen!
è roba da matti!	Das ist zum verrückt werden!
mi vuoi prendere per il culo?	Willst du mich verarschen?
cosa ne pensi?	Was hältst du davon?
è un tipo in gamba	Das ist ein cooler Typ.
si dà tanto di quelle arie!	Der bläst sich ganz schön auf!
non mi va	Das passt mir nicht.
vattene!	Hau ab!
muoio dalla voglia	Ich sterbe vor Lust.
come te la passi?	Wie läuft es denn so?
sono nei guai	Ich bin in Schwierigkeiten.
ma che cazzo stai dicendo?	Was sagst du für einen Scheiß.
che fica!	Was für eine heiße Frau!
andiamo a casa mia?	Gehen wir zu mir nach Hause?
mi vuole ingannare?	Wollen Sie mich betrügen?
mi sono divertito un mondo	Ich bin wahnsinnig vergnügt.
è la fine del mondo!	Das ist der Wahnsinn!

19. Die 100 meist gebrauchten spanischen Sätze

Spanisch	Deutsch
¿cómo te llamas?	Wie heißt du?
¿cuántos años tienes?	Wie alt bist du?
me llamo	Ich heiße…
¿dónde está?	Wo ist...?
¡encantado!	Angenehm!
¿dónde vives?	Wo wohnen Sie?
soy alemán	Ich bin Deutscher / Deutsche.
no lo sé	Ich weiß es nicht.
¿qué hora es?	Wie spät ist es?
¿tienes fuego?	Hast du Feuer?
¿ vamos a tomar un café?	Trinken wir einen Kaffee?
te invito	Ich lade dich ein.
¿me das tu telefono?	Gibst du mir deine Telefonnummer?
¡hable más despacio por favor!	Sprechen Sie bitte langsamer!
no he entendido	Ich habe nicht verstanden.
estuve en Madrid	Ich bin in Madrid gewesen.
¿te gusta?	Gefällt / schmeckt es dir?
estaba muy rico (im Restaurant)	Es ist sehr gut gewesen.
quisiera	Ich hätte gerne…
¿tiene usted?	Haben Sie...?
¿cuánto cuesta?	Wie viel kostet es?
¿me da un descuento?	Geben Sie mir einen Rabatt?
¿qué es...?	Was ist...?
¿puedo hablar con...?	Kann ich mit... sprechen?
¿está lejos?	Ist es weit?
¡déjalo!	Lass es sein!
como primer / segundo plato quisiera...	Als ersten / zweiten Gang hätte ich gerne...
¡oiga, la cuenta por favor!	Hören Sie, die Rechnung bitte!
¿Le molesta si fumo?	Stört es Sie, wenn ich rauche?

Spanisch	Deutsch
quisiera un billete para...	Ich hätte gerne eine Fahrkarte nach...
ida y vuelta	Hin- und Rückfahrt
¿cuándo sale el tren?	Wann fährt der Zug los?
¿cuándo llega el tren?	Wann kommt der Zug an?
¡vamos!	Gehen wir!
¿a dónde vamos?	Wohin gehen wir?
¿me puede recomendar un buen restaurante?	Können Sie mir ein gutes Restaurant empfehlen?
está bien así	Das ist in Ordnung so.
¡lleno por favor!	Einmal voll tanken, bitte!
¿puedo pagar con la tarjeta de crédito?	Kann ich mit Kreditkarte zahlen?
¿tiene usted una tarjeta?	Haben Sie eine Visitenkarte?
quisiera una habitación indivi-dual / doble	Ich hätte gerne ein Einzel-, Doppel-zimmer
quisiera reservar	Ich möchte reservieren.
¿me puede despertar a las...?	Können Sie mich um... wecken?
¿media pensión / desayuno incluído?	Halbpension / Frühstück inbegriffen?
¿tiene usted un aparcamiento?	Haben Sie einen Parkplatz?
quisiera alquilar un coche	Ich möchte ein Auto mieten.
quisiera un café y un cruasán	Ich hätte gerne einen Kaffee und ein Hörnchen.
¡un zumo de naranja natural por favor!	Ein Orangensaft, bitte!
¿qué me puede recomendar?	Was können Sie mir empfehlen?
estoy cansado	Ich bin müde.
me voy	Ich gehe.
¡vamos al mar!	Gehen wir ans Meer!
tengo hambre	Ich habe Hunger.
tengo sed	Ich habe Durst.
¡una botella de agua sin gas por favor!	Eine Flasche Mineralwasser ohne Kohlensäure, bitte!
¡perdone señor / señora!	Entschuldigen Sie!
¡que bonito!	Wie schön!

Spanisch	Deutsch
lo siento	Es tut mir leid.
la linea está mala	Die Verbindung ist schlecht.
no hay problema	Das ist kein Problem.
he reservado una mesa	Ich habe einen Tisch reserviert.
a nombre de …	Auf den Namen von ...
İdoble a la izquierda / a la derecha!	Biegen Sie nach links / rechts ab!
İsigue todo recto!	Gehen Sie immer geradeaus!
¿cuándo puedo volver a lla-mar?	Wann kann ich zurückrufen?
¿a qué hora abre?	Wann öffnen Sie?
¿a qué hora cierra?	Um wie viel Uhr schließen Sie?
¿puedo probar los zapatos?	Kann ich die Schuhe probieren?
necesito...	Ich brauche...
¿me puede ayudar?	Können Sie mir helfen?
mi teléfono es...	Meine Telefonnummer ist...
quisiera confermar...	Ich möchte...bestätigen.
¿me puede mandar un fax?	Können Sie mir ein Fax schicken?
¿me puede hacer un favor?	Können Sie mir einen Gefallen tun?
¿tiene usted un poco de hielo?	Haben Sie ein bisschen Eis?
no pasa nada	Das macht nichts.
İun helado de dos bolas por favor!	Ein Eis mit zwei Kugeln, bitte!
¿nos trae la carta?	Bringen Sie uns die Karte?
hace calor / frío hoy	Es ist heiß / kalt heute.
quisiera una tarjeta telefónica	Ich hätte gerne eine Telefonkarte.
quisiera cuatro postales	Ich möchte vier Postkarten.
İdos sellos por favor!	Zwei Briefmarken, bitte!
¿tiene usted un periódico alemán?	Haben Sie eine deutsche Zeitung?
¿qué tamaño es?	Was ist es für Größe?
¿tiene usted el treinta y ocho?	Haben Sie Größe 38?
quisiera una información	Ich hätte gerne eine Information.
¿hay un cajero automático por	Gibt es hier in der Nähe einen Bank-

Spanisch	**Deutsch**
aquí cerca?	automaten?
¡cuidado!	Vorsicht!
he reservado una habitación	Ich habe ein Zimmer reserviert.
¿qué tal?	Wie geht's dir?
¡llame a un médico por favor!	Rufen Sie bitte einen Arzt!
¿dónde está el vestuario?	Wo ist die Umkleidekabine?
¿puede remolcar mi coche?	Können Sie mein Auto abschleppen?
el motor no arranca	Der Motor springt nicht an.
¿hay una gasolinera por aquí cerca?	Gibt es hier in der Nähe eine Tankstelle?
tuvimos un accidente	Wir haben einen Unfall gehabt.
¿cuánto cuesta el coche por una semana?	Wie viel kostet das Auto für eine Woche?
¿qué ha dicho?	Was haben Sie gesagt?
es usted muy amable	Sie sind sehr freundlich.
¿cuánto tiempo tarda?	Wie lange dauert es?

20. Spaß mit Spanisch – 25 spanische Slangs

Spanisch	Deutsch
İgilipollas!	Arschloch!
¿hola guapa, qué haces esta noche?	Hallo Hübsche, was machst du heute Abend?
İestoy hasta los cojones!	Das geht mir auf den Sack!
İque cabrón!	Was für ein Scheißkerl!
İestá asqueroso!	Das schmeckt scheiße!
soy todo oídos	Ich bin ganz Ohr.
¿qué pasa?	Was gibt's?
es fascinante	Es ist faszinierend.
İdéjame en paz!	Lass mich in Frieden!
İno lo tomes en serio!	Nimm es dir nicht zu Herzen!
İ yo flipo!	Das ist zum verrückt werden!
¿me quieres tomar el pelo?	Willst du mich verarschen?
¿qué te parece?	Was hältst du davon?
e un tío muy chulo	Das ist ein cooler Typ.
İque prepotente!	Der bläst sich ganz schön auf!
no me va	Das passt mir nicht.
İvete a la mierda!	Verpiss' dich!
muero de ganas	Ich sterbe vor Lust.
¿qué tal anda la vida?	Wie läuft es denn so?
estoy en dificoltades	Ich bin in Schwierigkeiten.
¿qué coño estás diciendo?	Was erzählst du für einen Scheiß?
İestá de puta madre!	Das ist super stark!
¿vamos a mi casa?	Gehen wir zu mir nach Hause?
¿me quiere engañar?	Wollen Sie mich betrügen?
lo pasé de puta madre	Ich habe mich wahnsinnig vergnügt.

21. Japanische Wörter zum „schnuppern“

Die Übersetzung erfolgt in der „Mittelsprache“:

Japanisch	Deutsch
Watashi wa	Ich
A nata	Du
Ohayo (informell)	Guten Morgen!
Ohayo gozaimas (formell)	Guten Morgen!
Konban(g) wa	Guten Abend!
Konnichi wa	Hallo / Guten Tag!
Arigato (informell)	Danke!
Domo Arigato	Vielen Dank!
Do itashimashte	Bitte / Kein Problem
Herr / Frau	San
Frau Müller	Müller san
Ginko wa doko deska	Bank wo ist? (Wo ist die Bank?)
Nan ji	Welche Stunde? (Um wie viel Uhr?)
Watashi wa wakari masen	Ich verstehe nicht
Takshinga hoshi des	Taxi ist erwünscht. (Ich möchte ein Taxi.)
Kane	Geld
Kai des	Kaufen
Ogenki des ka?	Seele ist? (Wie geht´s?)
Ogenki	Seele, Energie, Vitalität
Itadaki mas	Guten Appetit!
Kissaten	Coffee Shop, Kaffeehaus
Ikutsu des ka	Wie alt du bist?
Doko ni sundeimaska	Wo du leben? (Wo lebst du?)
Toshi	Stadt
Arimas ka	Existiert? (Haben Sie? Hast du?)
Mizu ga arimaska	Existiert Wasser? (Haben Sie Wasser?)
Ikura deska	Wie viel? / Wie viele?
Kuko	Flughafen
Kreditto kado	Kreditkarte

Japanisch	Deutsch
Sarada	Salat
Hai	Ja
Iie	Nein
Sumimasen!	Kellner!/Bedienung!
Anata wa wakari mas ka	Du verstehen tun? (Verstehst du?)

Der Zweck dieser Listen (mit Ausnahme der Spaß-Listen) ist es, dir zu zeigen mit welchen Wörtern begonnen wird wenn du erstmals beginnst eine Sprache zu lernen.

22. Die besten Tipps auf einen Blick

1. Multi-methodisches Lernen bedeutet, deine Fremdsprache von so vielen Seiten wie möglich anzugehen: mit Lerngruppen, mit der Zeitung, mit CDs, im Internet, mit Filmen, mit Flip-Karten, mit Songtexten, in Konversationen. Es bedeutet auch, bestimmtes Vokabular in verschiedenen Kontexten zu erleben, zu benutzen und zu verstehen.
2. Interessen-orientiertes-Lernen bedeutet, zum einen das Lernen mit Dingen zu verbinden und zu verknüpfen, die dich wirklich interessieren und zum anderen, dein eigenes Interesse zu intensivieren. Welches Buch ist das richtige? Welcher Film ist der richtige zum Lernen? Das Buch und der Film, die dich interessieren!
3. Lernen in tiefer Entspannung. Bei einer großen Menge Vokabular ist zumindest eine solche Sitzung zu empfehlen. Dazu legst du dich hin, entspannst dich so gut wie möglich und hörst dir alle Vokabeln mit geschlossenen Augen in einem Zustand von Entspannung an. Dies wird deinen Lernerfolg um ein Vielfaches erhöhen.
4. Lerne dein Vokabular zusätzlich in einem Kontext oder Bezugsrahmen. Diese können sein: Bilder, Geschichten, Rollenspiele, Konversationen, Objekte, Sinneswahrnehmungen, Eselsbrücken, Sätze. Kontexte die du selbst erschaffst, funktionieren noch besser.
5. Es ist wichtiger, wie du lernst, als mit was du lernst oder wie lange du lernst. Befreie deinen Geist vor Lern-Sessions, damit du achtsam, wachsam und aufmerksam bist während du lernst.
6. Kategorisiere deine Vokabeln wenn möglich in verschiedene Themenbereiche.
7. Messe deinen Erfolg. Messe die Anzahl der Vokabeln, die du gelernt hast. Messe, wie viel näher du deinem Ziel gekommen bist.
8. Lerne stets in Schritten von 2000 Vokabeln, und beginne mit den 2000 meistverwendeten und gebräuchlichsten. Dann beginne mit den nächsten 2000 usw. … 2000 Vokabeln sind ein Super-Schritt.
9. Wenn du 2000 Vokabeln kannst, kannst du in Satzvariationen ungefähr 20 000 Sätze.
10. Deine wichtigsten Werkzeuge sind: Flip-Karten, Lern-CDs inkl. Bücher, DVD-Player & Filme, Wörterbücher.

23. Der letzte Motivationsschub

Hast du bereits mit der Erstellung deines Lernprogramms begonnen?

Wenn *nein* -Warum nicht?

Wolltest du zuerst warten, bis du das Buch fertig hast oder bis du Lust darauf hast?

Ich ahne woran es liegen könnte, dass du noch nicht begonnen hast. Es könnte daran liegen, dass du weder Zuckerbrot noch Peitsche bekommst!

Es gibt zwei Triebe im Menschen, die so stark sind, dass man keine Sekunde mehr darauf warten würde in Aktion zu treten, könnte man diese Antriebskräfte abrufen: Freud und Leid!

Jede Veränderung in deinem Leben, jede Handlung, jede Motivation ist angetrieben durch eines der beiden.

Verspricht eine Sache Schmerzen, wenn du sie unterlässt, trittst du unmittelbar in Aktion.

Verspricht eine Sache Freude wenn du ihr nachgehst, trittst du unmittelbar in Aktion.

Manches tun wir also um Leid zu vermeiden, manches tun wir um Freude zu bekommen. In Wirklichkeit haben die Dinge an sich jedoch nicht immer etwas mit Schmerz/Freude zu tun, sondern wir assoziieren diese Dinge in unserem eigenen Geist mit diesen, entweder weil es uns so beigebracht wurde (Marlboro schmeckt!) oder weil wir uns dazu entschieden haben, die Sache so zu sehen.

Für Raucher: Erinnere dich an die allererste Zigarette, die du geraucht hast. Hat die wirklich geschmeckt? Hast du an der Zigarette gezogen und dir gesagt „Mmmmmm das ist total lecker!" Wohl kaum. Es wurde dir beigebracht, das Rauchen mit bestimmten Wohlgefühlen und Freiheiten zu assoziieren, und erst seitdem schmeckt und tut es so sehr gut.

Je öfter du etwas mit Freude oder Leid assoziierst, desto stärker wirkt die Kreation in deinem Geist. Natürlich wäre es vorteilhafter, wenn deine Handlungen und Verhaltensweisen von Freude und Wünschen angetrieben würden, statt von Schmerzvermeidung und Widerstand, aber beide Ansätze funktionieren ganz hervorragend.

Du gibst jeder Sache eine Bedeutung, und diese hat entweder mehr mit Negativem oder mehr mit Positivem zu tun. Die Bedeutung, die du Sachen gibst, ist der Antrieb deines ganzen Lebens!

Wenn du nun nicht genügend motiviert bist, deine Fremdsprache so schnell wie möglich zu lernen, dann verknüpfst du im Geiste nicht genug Negatives, um die Sprache nicht zu lernen, und du verknüpfst nicht genug Positives damit, die Sprache zu lernen.

Wir bewegen uns hier auf relativ neutralem Boden: „Tja, mein Gott, wenn ich nichts lerne, ist das nicht so schlimm. Und wenn ich es lernen würde, wäre das ganz o.k.... ".

Um absolut in Fahrt zu kommen, müsstest du es üben, schmerzhafte, unangenehme Dinge mit dem „Nichtlernen" zu verbinden, und angenehme, außerordentlich erfüllende Dinge mit dem „Lernen" zu verbinden.

Unser Bewusstsein ist bereits voll dieser Verknüpfungen, und wenn du sie mal näher untersuchst, entdeckst du, dass jedes deiner Verhaltensweisen und Handlungen etwas mit „Wunsch & Widerstand" zu tun hat.

Die nachfolgenden Übungen kannst du in alle Lebensbereiche übertragen, in denen du nach VERÄNDERUNG strebst, aber probiere es zunächst bei dem Thema „Sprachenlernen" aus.

Um auf Nummer sicher zu gehen, werden wir das Thema mit beiden Seiten verknüpfen. Und mache die Übungen durchaus JETZT. Es gibt keinen Grund diese Übung aufzuschieben. Sie erschafft dir neue Assoziationen im Geist, mit denen du erst richtig in Fahrt kommst!

Übung

Schreibe bitte 10 Gründe auf, warum es ein absolutes Muss für dich ist, die Fremdsprache deiner Wahl so schnell wie möglich zu lernen. Nenne zwingende Gründe, warum dies eine absolute Notwendigkeit ist.

Schreibe bitte eine Liste von 10 Gründen warum es schmerzhaft, unangenehm oder leidvoll ist oder werden könnte, deine Fremdsprache nicht zu lernen.

Schau dir die Liste danach noch mal an und gehe wirklich davon aus, dass diese Dinge eintreten, wenn du deine Fremdsprache vernachlässigst oder erst gar nicht lernst. Dies sind 10 sehr unangenehme Erfahrungen!

Schreibe eine Liste von 10 Gründen, warum das Erlernen deiner Fremdsprache sehr gut, sehr vorteilhaft, außerordentlich erfüllend ist. Warum macht es Spaß? Was wirst du dadurch alles an Erfahrungen gewinnen? Was sind Belohnungen und positive Erlebnisse, die du mit dem Sprachenlernen verknüpfst oder verknüpfen kannst?

Schau dir die Liste an bis dir intensiv bewusst wird, wie gut das Sprachenlernen für dich ist.

Nun aber, nachdem du fertig bist, müssen diese Assoziationen eingeübt werden.

Dies kann nur auf zwei Weisen geschehen: Durch Wiederholung oder durch ein intensives emotionales Erlebnis. Wenn du mit 12 Jahren zu viel Alkohol trinkst und dich mehrere Minuten übergibst, dann ist das ein einschneidendes Erlebnis, das möglicherweise zur Folge haben wird, dass du Alkohol mit „Leid" verknüpfst. Du wirst die Finger davon lassen.

Wenn du jahrelang siehst und hörst, dass Wein etwas Gutes, Angenehmes Romantisches, ist, und Leute in deiner Umgebung dauernd Wein trinken, wirst du ihn mit „Freude" assoziieren, und selbst gerne trinken. Intensität oder Wiederholung.

Werde dir also in den nächsten Monaten wiederholt dessen bewusst, welche Freude und welches Leid mit dem Sprachenlernen oder deren Unterlassung verbunden sind.

Der Grund, warum Drogensüchtige so häufig rückfällig werden, ist, weil sie zwar eine neue Assoziation erschaffen konnten, als sie aufhörten, diese aber nicht wiederholt wurde und somit die alte, die viel öfter wiederholt wurde, zum Vorschein kommt.

Ich kann mir gut vorstellen, dass du nach Beendigung der Listen gut in Fahrt bist, deine Fremdsprache zu lernen.

Ich wünsche dir viel Spaß!

Quellenverzeichnis

Die Erstfassung dieses Buches erschien 2002 bei www.active-books.de

Ein paar der Anekdoten in Kapitel 13 stammen aus „Barry Farber / How to learn any Language“.

Hilfe bei den spanischen und italienischen Sätzen: Michele DiFiore, München.

Besonderer Dank gilt den Kollegen Bryan Addinall, Michele DiFiore, S. Förster und Z.Z.

Quicklearning-Kurse mit Fred Dodson

Wenn du, zusätzlich zu den in diesem Buch beschriebenen Mitteln, eine noch intensivere Maßnahme ergreifen möchtest, bist du herzlich eingeladen, das von mir entwickelte 5-tägige *Quicklearning* zu besuchen. Das gilt wenn deine Wahlsprache Englisch, Deutsch, Italienisch, Spanisch, Französisch oder Polnisch ist.

Quicklearning ist ein 5-tägiger Kurs zur Kommunikation in der Fremdsprache. Zusätzlich lernst du 1000 Vokabeln anwenden. Das von mir entworfene System bezieht alle in diesem Buch genannten Faktoren ein und macht unglaublich viel Spaß, egal auf welcher Stufe du lernst. Vom Anfänger bis Business-Niveau ist alles dabei.

Wenn du Informationen über Quicklearning oder andere gute Sprachtrainer einholen möchtest (Preisliste, Veranstaltungsort, Kursplan), erreichst du mich hier:

www.quicklearning.de

www.quicklearning.eu

Für andere Seminare:

www.excellencecoach.biz

Fred Dodson: info@quicklearning.de

Weitere Bücher von Fred Dodson

Reality Creation – Die kontrollierte Erschaffung von Realität Zauberei auf einem Sklavenplaneten

ISBN 978-3-89094-394-7
192 Seiten, A5, Softcover

Der Autor lehrt, dass du selbst tatsächlich und aus eigener Willlenskraft jede Realität erschaffen kannst die du willst. Hier lernst du spezielle Techniken kennen, die so intensiv und wirksam sind, dass sie früher und auch heute noch nur unter strengster Geheimhaltung und innerhalb erlesener Kreise weitergegeben werden. Reality Creation kann zu deiner Wirklichkeit werden, in der deine Träume Erfüllung finden. Ob es materielle Ziele, finanzielle Freiheit, der Traumpartner, vitale Gesundheit, der richtige Job oder höhere Ziele wie Bewusstseinserweiterung, Kontakt zum höheren Selbst oder die Navigation durch andere Realitätsebenen sind: Dir wird kein Wunsch gegeben ohne das Potential, diesen zu erfüllen. Die Werkzeuge hast du bereits in dir: Die Kraft deines Wortes, deiner Imagination, Aufmerksamkeit und Emotion. Lerne die Ebene der Bewusstheit kennen bei der die Dinge genauso werden u. sind wie du es willst und sagst.

Reality Creation Coaching Synchronisiere die Welt nach deinen Wünschen

ISBN 978-3-89094-506-4
96 Seiten, A5, Softcover

Reality Creation ist die Synchronisation deiner Wünsche mit deinem Glauben, die Materialisierung feinstofflicher Gedanken zu grobstofflicher Form. Deine Werkzeuge hierfür sind Identität, Absicht, Glaube, Aufmerksamkeit, Wort und Emotion. Die Voraussetzungen hierfür sind Spaß und Freude und die Resultate noch mehr Spaß und Freude. Dieses Buch durchbricht die dünne, oberflächliche Schicht des „Alltags" zu einer tieferen, magischeren und umfassenderen Erfahrung der Realität.

Reality Creation für Fortgeschrittene

ISBN 978-3-89094-598-9,
160 Seiten, A5, Softcover

Das Leben ist ein Strom, der immer fließt. Und es wird weiter fließen, ob es dir gefällt oder nicht. Widerstehe dem Fluss und er überwältigt dich. Schwimme mit dem Fluss und du kannst ihn zu deinem Vorteil nutzen. Der Strom floss bereits und wird noch lange fließen, nachdem du weg bist. Er verzweigt sich zu vielen verschiedenen Strömen, die irgendwann auch wieder ineinander fließen. Jeder der Ströme stellt eine andere Realität dar…
Du kannst dich von Wind und Wasser führen lassen. Wenn du deine Realität ändern möchtest, dann ist nur ein klein wenig Steuerung nötig. Für diesen Minimalaufwand habe ich meine Reality Creation Übungen entwickelt… Dieses Buch von Frederick Dodson ist so klar, eingängig und praxisnah geschrieben wie seine anderen Bücher!